주역점학 강좌

주역점학 강좌
周易是正義思想

1판 1쇄 펴낸 날 2017년 12월 10일
개정판 1쇄 펴낸 날 2019년 11월 12일

지은이 최기수
발행인 김재경 | 기획·편집 김성우
디자인 최정근 | 마케팅 권태형 | 인쇄 재능인쇄

펴낸곳 | 도서출판 비움과소통
주소 | 경기도 파주시 하우고개길 151-17 예일아트빌 103동 102호(야당동 191-10)
전화 | 031-945-8739
팩스 | 0505-115-2068
홈페이지 | http://blog.daum.net/kudoyukjung
이메일 | buddhapia5@daum.net
출판등록 2010년 6월 18일 제318-2010-000092호

ⓒ 최기수, 2017
ISBN : 979-11-6016-030-7 03220

◎ 잘못된 책은 교환해 드립니다.
◎ 이 책은 저작권법에 따라 보호받는 저작물이므로 무단전재와 복제를 금지하며,
  이 책 내용의 일부를 이용할 때도 반드시 지은이와 본 출판사의 서면동의를 받아야 합니다.
◎ 이 책의 인세와 판매수익은 향후 설립될 태극학당에 전액 기부되어 '공평하고 공정한 정의사회구현'에 기여할 것임을 밝힙니다.

주역점학 강좌

야산태극학당

序

    주역이 동양 최고의 경전이라, 주변 사람들에게 "요즘 주역을 배운다"고 하니, 그분들은 "점을 배워서 돗자리 깔려고 하냐?"면서 아주 폄하하는 말을 하곤 했습니다. 어떤 분에게는 "함께 배우자"고 하니, 사이비종교처럼 생각하며 배척하는 말을 듣고서는 이런 사고방식을 타파하지 못하고는 주역의 발전은 요원하다는 생각이 들었습니다.

    그리고 공부하는 학인들은 배우기가 어렵다고들 합니다. 그런데 필자가 더 중요하게 느낀 점은 "중정지도(中正之道)"라는 주역의 인의(仁義)교육을 젊은이가 배워야 앞으로 공평하고 공정한 정의로운 국가건설에 도움이 될 텐데, 대부분의 학인들이 젊은이가 아니라 육순이 넘은 어르신이라는 사실이었습니다. 이런 환경 속에서 주역 자체를 논한다는 것은 어불성설이었습니다.

    연꽃처럼 활짝 펴야 할 주역이 싹도 트지 못한 채 머물고 있는 현실이 안타까워 주역은 점(占)이 본질이 아니고, 종교도 아니라는 것을 밝히고, 또한 젊은이들을 포함한 모든 이들에게 유익한 의리(義理)적 교재가 만들어져야 하겠다는 생각에 동몽(童蒙)같은 학인(學人)으로서 감히 책을 지어 봅니다. "주역은 쉽고(易) 간략(簡)하다"는 이간(易簡)의 뜻에 맞춰 주역을 배우고자 하는 학인들이 이해하기 쉽도록 내용은 한국의 역성(易聖)으로 불리우신 야산 이달선사, 그의 세족제자이며 주역의 대가(大家)인 대산 김석진선생, 또 그의 수제자인 이전 이응국과 청고 이응문선생의 글을 주로 인용하여 간결하게 정리하였습니다.

본 교재가 직장인이나 공직자에게는 자체 연수원 등에서, 어르신들은 지역 주민센터나 문화복지센터 등에서, 학생에게는 학교에서 의리적인 교육만을 배우는 기회가 마련되었으면 하는 바램입니다. 제19대 대통령은 취임사에서 "기회는 평등하게, 과정은 공정하게, 결과는 정의롭게"라는 정부를 만들겠다고 하였습니다. 무궁한 태극의 나라 대한민국에서 동서가 먼저 화합하고, 남북이 통일되며, 그로 인한 태극의 향기가 전 지구촌에 퍼져 세계가 정의롭고 평화로운 세상이 되기를 희망합니다.

丁酉　　三明 崔基守

목차

머리말   4

제1장 周易 文彩는 正義思想 실천

제2장 周易 根本은 陰陽과 五行

   1. 기본 용어 정리   13
      (1) 태극(太極)   13
      (2) 양의(陽儀)   13
      (3) 삼재(三才)   13
      (4) 사상(四象)   13
      (5) 팔괘(八卦)   14
      (6) 효(爻)와 괘(卦)   14
      (7) 소성(小成)괘 와 대성(大成)괘   15
      (8) 내(內)괘와 외(外)괘   15
      (9) 중(中)·정(正)·응(應)·비(比)   15
      (10) 지(之)괘와 호(互)괘   15
      (11) 착(錯)괘, 종(綜)괘, 교(交)괘   16
      (12) 각 효의 명칭, 의미, 성질   16
      (13) 괘서(卦序), 괘명(卦名), 괘상(卦象), 괘덕(卦德)   17
      (14) 복희선천팔괘(伏羲先天八卦)   17
         ① 선천팔괘 차서도(次序圖)   17
         ② 하도(河圖)   18
         ③ 선천팔괘 방위도(方位圖)   18
         ④ 오행상생도(五行相生圖)   19
         ⑤ 오행의 성질(性質)   19
         ⑥ 천간 생성법(天干生成法)   20
      (15) 문왕후천팔괘(文王後天八卦)   20
         ① 후천팔괘 차서도(次序圖)   20

　　　　② 낙서(洛書)　20
　　　　③ 후천팔괘 방위도(方位圖)　21
　　　　④ 오행상극도(五行相極圖)　21
　　　　⑤ 후천팔괘의 유행(流行)　22
　　　　⑥ 지지 생성법(地支生成法)　23
　　2. 소성괘(8괘) 집중분석　24
　　　(1) 팔괘의 속성(屬性)　24
　　　(2) 팔괘의 성질(性質)　25
　　3. 계사상·하전 효사 풀이　26

제3장 周易 寶鑑

　　1. 대성괘(상경: 1-30괘) 종합분석　43
　　2. 대성괘(하경: 31-64괘) 종합분석　58

제4장 周易의 妙用은 占

　　1. 설시 준비　77
　　2. 독송 경전　77
　　3. 설시법　79
　　4. 설시 예시　82

제5장 부록

　　1. 64괘 384효 점해　88
　　2. 64괘 순서도　152
　　참고문헌　154

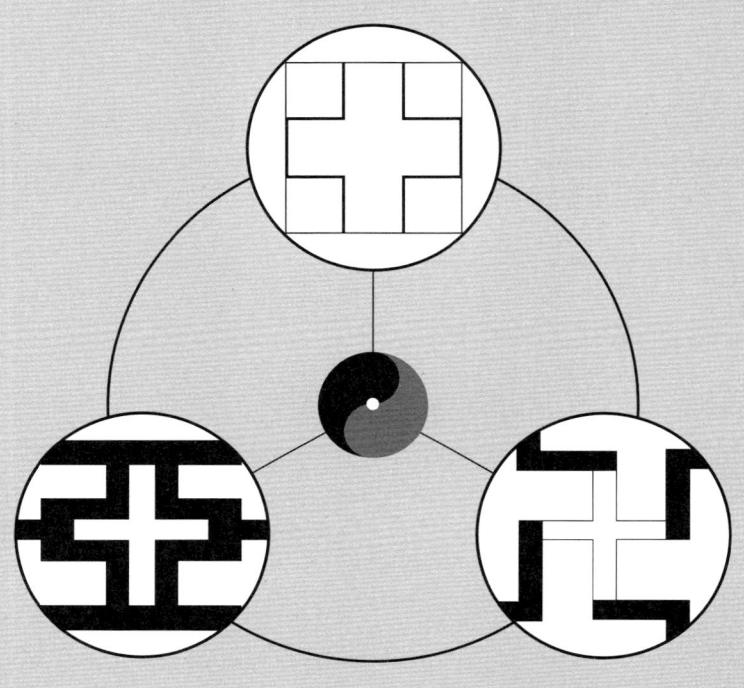

 # 주역(周易) 문채(文彩)는 정의사상(正義思想) 실천

1. 주역은 義理書가 本이고, 占書가 末

(1) 5천년 전 문자가 없던 상고시대, 중국 복희씨가 천지운행을 부호로 그린 64괘 384효는 백성이 농사를 쉽게 할 수 있도록 창안한 책력임.

　　o 18번 째 산풍고(山風蠱)에 대한 문왕의 괘사 :
　　　선갑삼일후갑삼일(先甲三日後甲三日)

　　o 57번 째 중풍손(重風巽)괘 九五효 주공의 효사 :
　　　선경삼일후경삼일(先庚三日後庚三日)

(2) 3천년 전 문자가 만들어진 중고시대, 문왕과 주공은 주나라 시대 부정과 부패로 어지러웠던 사회를 정화하기 위해 백성을 교육하려고 복희씨의 괘·효에다 의리적인 글을 붙임.

　　o 36번 째 지화명이(地火明夷) 六五효에 대한 효사에서 '기자(箕子)'라는 은나라 말기의 인물이 나옴.

(3) 2,500년 전, 공자께서 세계가 하나되는 후천시대에 "正義"로운 세상이 되기를 염원하면서 이 의리적 글에다 자신의 "仁·義"사상, "中·正"사상, 大同사상, 인과응보사상을 가미한 글.

(4) 주역은 "中正之道"라기 보다는 "正義之道"임.

그림(1)의 낙서구궁수에서 가운데 있는 +는 -와 l의 결합으로 -은 옳음(義)을 펼치는 것을 말하고, l은 바름을 세우는 것을 말하는 것으로 +는 곧 正義를 말하는 것임.

1) 正義란 태극이며, 태극은 무심(无心)이며, 마음을 비운다는 무심은 "공평하고 공정한 마음으로 정의를 구한다"는 것을 의미.

2) 낙서구궁수 가운데 있는 작은 +자를 오십대연하면 그림(2)처럼 큰 +자로 변혁됩니다.

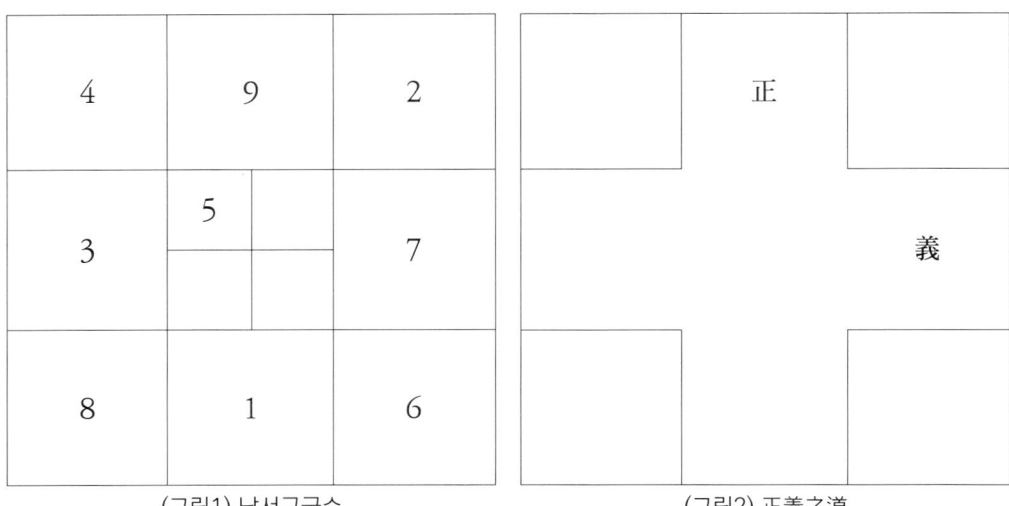

(그림1) 낙서구궁수   (그림2) 正義之道

(5) 공자는 계사상전 10장에서 易은 "무사무위 적연부동 감이수통천하지고(无思无爲 寂然不同 感而遂通天下之故) : 지극한 마음으로 신에 감통하는 것이 주역이며 그 신의 작용으로 모든 조화가 이루어 지게 된다"고 하여 占은 그런 경지에 이르기 까지 수양의 한 방편일 뿐이라고 하였습니다.

2. 유교는 종교가 아닌 유학

(1) 하느님과 부처님 같은 절대적인 神이 없음.

(2) 來生에 대한 천당과 지옥도 없을 뿐 아니라 이에 대한 경전도 없으니 종교가 아님.

3. 후천은 1948년부터 시작

(1) 세계가 일일생활권으로 들어온 지금의 인터넷시대(World Wide Web)가 바로 후천임.

(2) 윷놀이 비결

　　o 한 접은 100이고, 한 동은 1,000이므로 넉 동은 곧 4,000임.

　　o 여기에 윷판에 나타난 +자형의 28점을 (중앙의 수는 황극수로 세지 않음)을 10배 한 280을 보탠 단기 4280년 정해년에 선천이 끝나고, 지금의 서기로 따진다면 1947년에 해당되는데, 후천 원년이 되는 1948년을 말함.

(3) 바둑판의 비결

　　o 바둑판은 가로와 세로가 각기 19줄씩 총 361점으로 중앙 1점을 뺀 나머지 360점이 한 해의 주천상수 360일을 상징함. 사방 72줄이 되는데, 이것은 기삼백 360일(1년)에 72후(候)가 있듯이 요임금 탄생 후 중천 72갑(72X60=4320년)이 되는 때에 후천이 도래함. 그 때가 서기로 1948년이 됨.

(4) 북송 때 소강절선생의 경세도를 참고해서 보아도 4320년에서 요임금의 탄생년인 서기 전 2372년을 빼면 1948년이 되는 것을 밝힘.

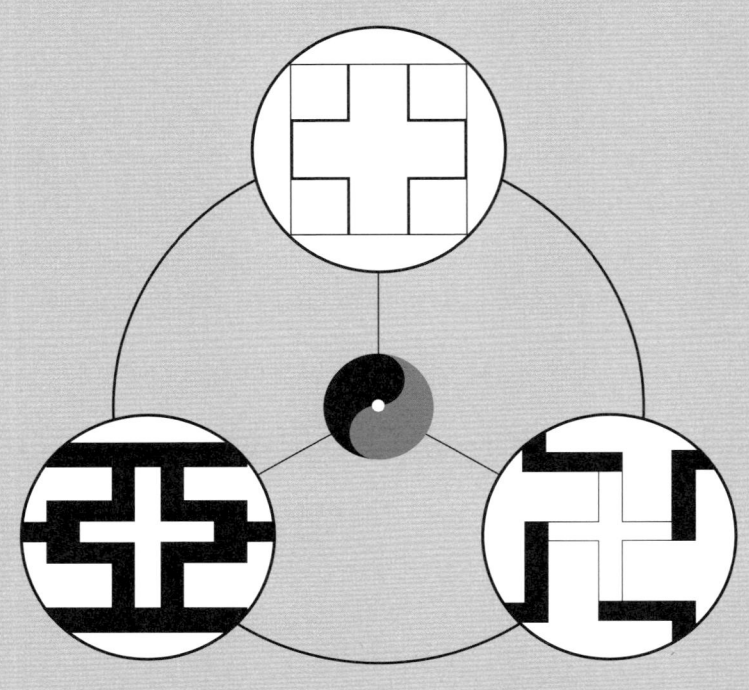

제2장 주역 근본은 음양(陰陽)과 오행(五行)

1. 기본 용어 정리

(1) 태극(太極)

무극은 우주만물이 있기 이전에 공허하고 혼돈했을 상태를 말하며, 태극은 무극을 근본으로 해서 우주만물(天,地,人)이 생겨난 것을 말한다.

(2) 양의(陽儀)

두 가지 모습을 뜻하는 것이니 태극이 한 번은 양이 되고, 한 번은 음이 되는 시간성과 태극이 음양으로 나뉘었다는 공간성을 포함하는 말이다.

(3) 삼재(三才)

세 가지 바탕으로 천재(天才), 지재(地才), 인재(人才)를 말한다. 그래서 "한 일(一)"과 "두 이(二)"를 합하면 "석 삼(三)"이 되고 "날 일(日)"변에 "달 월(月)"을 더하면 "밝을 명(明)"자가 된다.

(4) 사상(四象)

만물이 태극에서 나오고, 양에서 양과 음이 또 나오고, 음에서 양과 음이 또 나오는 것이다.

(5) 팔괘

　① 땅괘(☷) : 음에서 음으로 계속 이어진 것.
　　o 모두 음으로 그린 것은 땅 모양
　② 우레괘(☳) : 양에서 음과 음으로 분화된 것.
　　o 천지사이에는 맨 먼저 양이 땅속으로 소리를 내며 꿈틀 거리고 나오는 모양
　③ 물괘(☵) : 음에서 양으로 다시 음으로 분화된 것.
　　o 하늘이 땅속으로 내린 물이 흐르는 모양
　④ 산괘(☶) : 음에서 음으로 다시 양으로 분화된 것.
　　o 골짜기로 해서 높이 양으로 봉우리 된 산 모양
　⑤ 하늘괘(☰) : 양이 양으로 계속 이어진 것.
　　o 모두 양으로 그린 것은 하늘 모양
　⑥ 바람괘(☴) : 음에서 양으로 다시 양으로 분화된 것.
　　o 하늘에서 부는 바람 모양
　⑦ 불괘(☲) : 양에서 음으로 다시 양으로 분화된 것.
　　o 하늘에서 올라가는 불 모양
　⑧ 못괘(☱) : 양에서 양으로 다시 음으로 분화된 것.
　　o 못이나 바닥에서 하늘로 올라가는 수증기의 모양

(6) 효(爻)와 괘(卦)

　① 효(爻)
　　o 주역의 기호 시스템은 8괘와 64괘로 이루어져 있으며, 하나의 괘를 이루는 가장 기본적인 최소 구성단위는 "효(爻)'다. 효는 양효와 음효로 나뉘며 양효는 ▬, 음효는 ▬ ▬으로 표기한다.
　② 괘(卦)
　　o 소성괘(8괘)는 세 개의 효로 구성되고, 대성괘(64괘)는 여섯 개의 효로 구성되며, 대성괘는 시초점을 치는 것이다. 괘는 일을 형상하고, 효는 변화의 과정을 살핀다.

(7) 소성(小成)괘와 대성(大成)괘
  ① 소성괘
    o 소성괘는 3획괘로서 건, 태, 리, 진, 손, 감, 간, 곤 8괘를 말한다.
  ② 대성괘
    o 대성괘는 소성괘를 중첩한 6획괘로 이루어진 것을 말한다.
(8) 내(內)괘와 외(外)괘
  ① 내괘
    o 內卦는 초, 이, 삼을 말하며, 대성괘에서 밑에 있는 괘를 내괘(하괘)라 한다.
  ② 외괘
    o 外卦는 사, 오, 상효를 말하며, 위에 있는 괘를 외괘(상괘)라 한다.
(9) 중(中)·정(正)·응(應)·비(比)
  ① 중(中) : 하괘의 중효와 상괘의 중효를 말한다. 즉 여섯 위에서 볼 때 2위와 5위를 중이라 하고 이 위를 얻음을 '득중(得中)'이라 한다.
  ② 정(正) : 음자리에 음효가 놓이고 양자리에 양효가 놓인 상태를 말한다. 초·삼·오는 기수이므로 양위가 되고, 이·사·상은 우수이므로 음위가 된다. 양위에 양위가 놓이고, 음위에 음위가 놓임을, 바른을 얻었다는 뜻으로 '득정(得正)'이라 한다.
  ③ 응(應) : 대성괘의 여섯 효에서 하괘의 첫 효인 초효와 상괘의 첫 효인 사효, 하괘의 둘째 효인 이효와 상괘의 둘째 효인 오효, 하괘의 셋째 효인 삼효와 상괘의 셋째 효인 상효가 서로 짝을 지어 응함을 말한다. 양과 음이 만나면 '정응(正應)', 음과 음, 양과 양이 만나면 '적응(敵應)'이라 한다.
  ④ 비(比) : 서로 이웃한 효끼리의 관계를 말하는데, 이 경우에도 음양의 이치로 판단하는 것이다. 즉 양효와 음효가 서로 이웃한 것을 '상비(相比)', 음효와 음효, 양효와 양효가 서로 이웃한 것을 '불비(不比)'라 한다.
(10) 지(之)괘와 호(互)괘
  ① 지괘 : 본괘에서 효가 동하여 변해 간 괘로서, 본래의 본괘에 대해서 지괘라

한다. 이 지괘는 설시법에서 매우 중요한 의미를 갖는다. 대략 본괘를 7할 정도로 중요하게 보며, 지괘는 3할 정도로 중요하게 괘를 분석하여 풀이한다. 본괘는 지금 있는 상황을 말하며(體), 지괘는 앞으로 진행되어 나가는 과정을 뜻한다(用).

② 互괘 : 초효와 상효를 가리고 3,4,5효를 상괘로 하고, 2,3,4효를 하괘로하여 이루어지는 괘이다.

(11) 착(錯)괘, 종(綜)괘, 교(交)괘
① 錯괘 : 여섯 효 모두가 반대되는 음양효로 바꾸어 만든 괘이다.
② 綜괘 : 괘를 반대편에서 본 괘이다.
③ 交괘 : 상괘와 하괘의 위치를 바꾸어 만든 괘다.

(12) 각 효의 명칭, 의미, 성질
① 효의 명칭

	重天乾	重地坤	水雷屯
上위(陰位)	▬▬ 상구	▬ ▬ 상육	▬ ▬ 상육
五위(陽位)	▬▬ 구오	▬ ▬ 육오	▬▬ 구오
四위(陰位)	▬▬ 구사	▬ ▬ 육사	▬ ▬ 육사
三위(陽位)	▬▬ 구삼	▬ ▬ 육삼	▬ ▬ 육삼
二위(陰位)	▬▬ 구이	▬ ▬ 육이	▬ ▬ 육이
初위(陽位)	▬▬ 초구	▬ ▬ 초육	▬▬ 초구

② 각 효의 의미

효	사회	인체	동물	가족	연령
상효	상왕(고문, 자문)	머리	머리	조부	76-90
오효	왕(대통령)	어깨	앞발	부	61-75
사효	공, 경(총리, 장관)	몸통	몸의 앞부분	형(자)	46-60
삼효	대부(지방 책임자)	넓적다리	몸의 뒷부분	제(매)	31-45
이효	사(하급관리)	장강이	뒷발	모	16-30
초효	민(백성)	발	꼬리	손자	0-15

③ 각 효의 성질

초효	이효	삼효	사효	오효	상효
난지(難知)	예(譽)	흉(凶)	구(懼)	공(功)	이지(易知)

(13) 괘서(卦序), 괘명(卦名), 괘상(卦象), 괘덕(卦德)

① 괘서(卦序)

  o 일, 이, 삼, 사, 오, 육, 칠, 팔은 괘의 순서로 괘서라 한다.

② 괘명(卦名)

  o 팔괘의 형이상학적 명칭을 괘명이라 한다.

  o 건(乾), 태(兌), 리(離), 진(震), 손(巽), 감(坎), 간(艮), 곤(坤)

③ 괘상(卦象)

  o 팔괘의 형이하학적 명칭을 괘상이라 한다.

  o 천(天), 택(澤), 화(火), 뢰(雷), 풍(風), 수(水), 산(山), 지(地)

④ 괘덕(卦悳)

  o 괘가 갖고 있는 성질

(14) 복희선천팔괘(伏羲先天八卦)

① 선천팔괘 차서도(次序圖)

八坤地	七艮山	六坎水	五巽風	四震雷	三離火	二兌澤	一乾天
곤삼절	간상련	감중련	손하절	진하련	이허중	태상절	건삼련
☷	☶	☵	☴	☳	☲	☱	☰
음토	양토	양수	음목	양목	음화	음금	양금
태음		소양		소음		태양	
음				양			
태극							

② 하도(河圖)

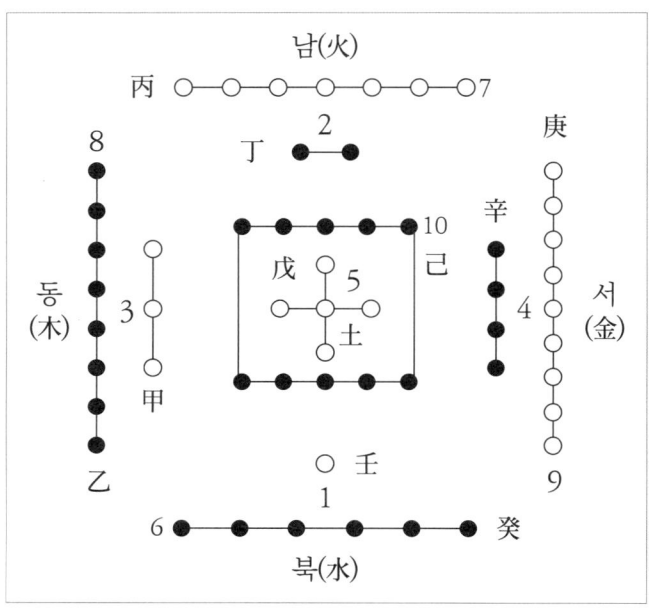

③ 선천팔괘 방위도(공간적)

남, 여름

2태	1건	5손
3리		6감
4진	8곤	7간

동, 봄   서, 가을

북, 겨울
(선천팔괘 : 음양의 소장변화)

④ 오행상생도(五行相生圖)

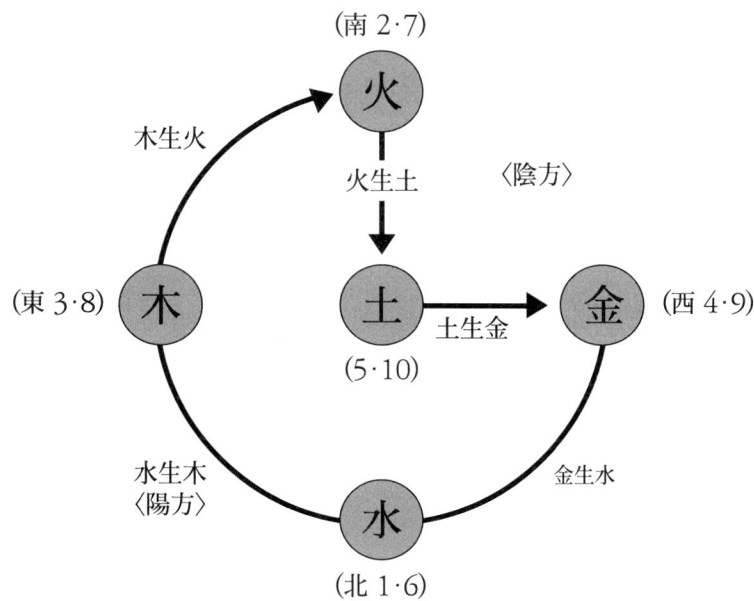

수생목, 목생화, 화생토, 토생금, 금생수

⑤ 오행의 성질

수	화	목	금	토
얼굴 모(貌)	말 언(言)	볼 시(視)	들을 청(廳)	생각 사(思)
신장	심장	간	폐	비장(위)
방광	소장	쓸개	대장	위장
목구멍 후(喉)	설(舌)	어금니	치(齒)	입술
짠 함(鹹)	쓴 고(苦)	시큼한 산(酸)	매울 신(辛)	달 감(甘)
흑	적	청	백	황
지(智)	예(禮)	인(仁)	의(義)	신(信)
우(羽)	치(徵)	각(角)	상(商)	궁(宮)

⑥ 천간 생성법(天干生成法)

차례	1	2	3	4	5	6	7	8	9	10
천간	갑	을	병	정	무	기	경	신	임	계
오행	양목	음목	양화	음화	양토	음토	양금	음금	양수	음수
	목		화		토		금		수	
방향	동		남		중앙		서		북	
동물	여우	담비	사슴	노루	표범	원숭이	까마귀	꿩	제비	독사
하도수	3	8	7	2	5	10	9	4	1	6

(15) 문왕후천팔괘(文王後天八卦)

① 후천팔괘 차서도

모	부
소녀 중녀 장녀	소남 중남 장남

② 낙서(洛書)

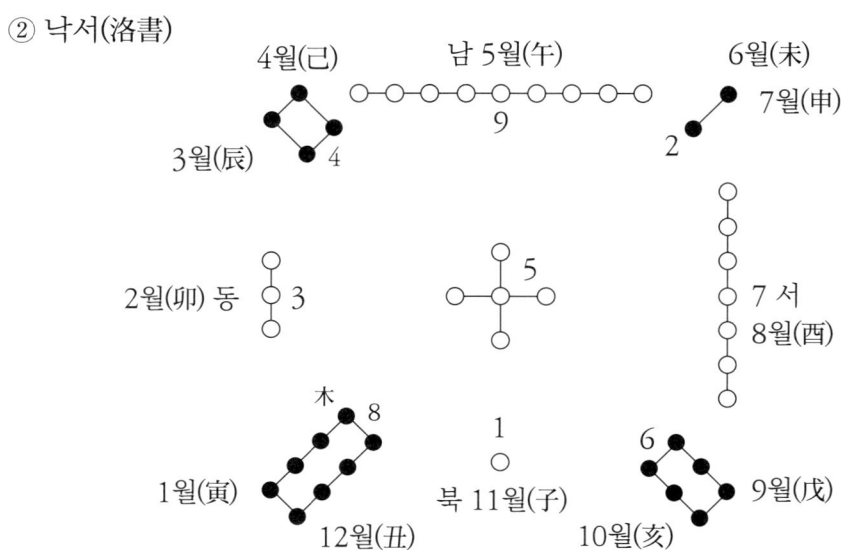

③ 후천팔괘 방위도(시간적)

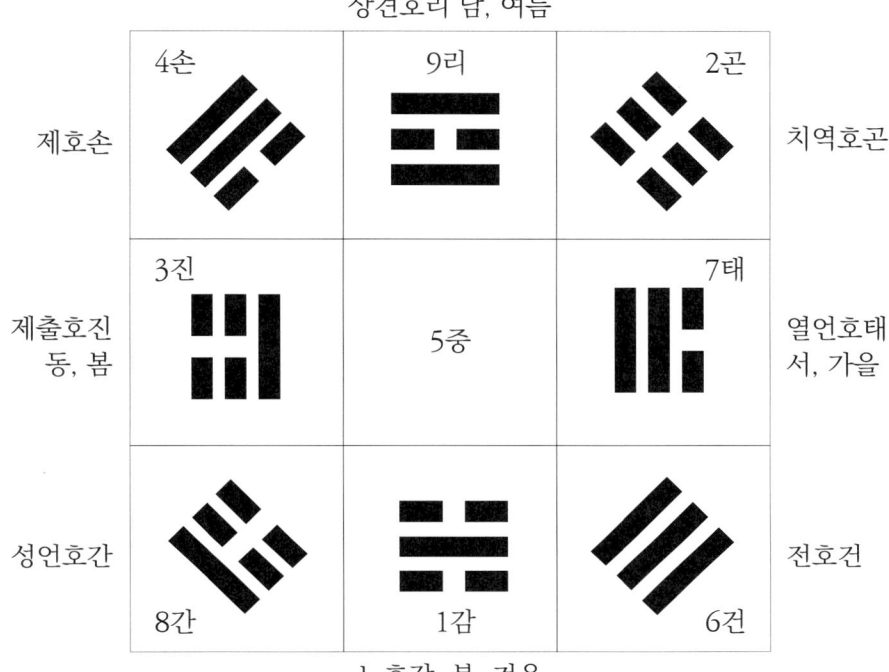

④ 오행상극도

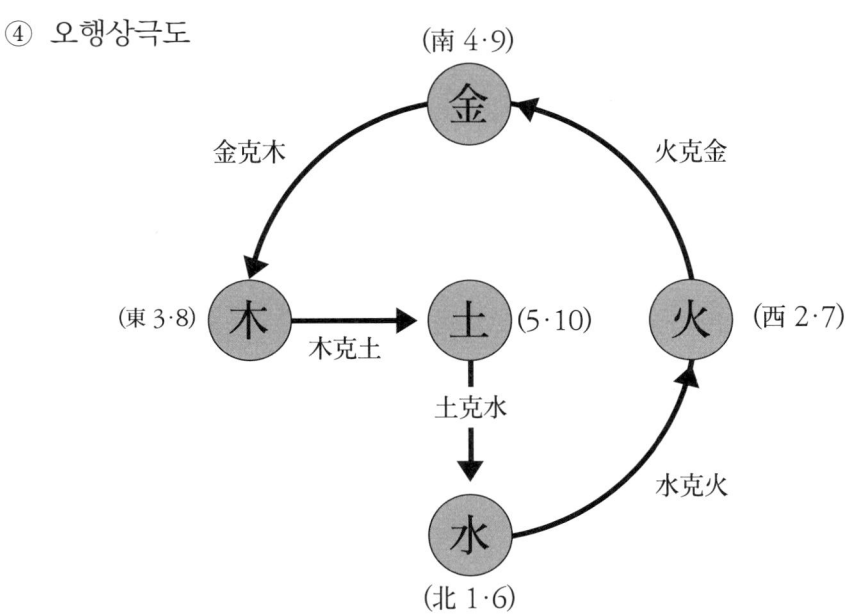

수극화, 화극금, 금극목, 목극토, 토극수

⑤ 후천팔괘의 유행

구분	선천팔괘	절기	오행/방향	의 미
제출호진(3) 帝出乎震 ☳	사진뢰 진하련 장남 우뢰	한봄 춘분	양목 정동 동방진목	만물은 방소로는 동방에서, 때로는 봄에서 나오기 시작한다는 뜻이다. * 만물이 진에서 출하여
제호손(4) 齊乎巽 ☴	오손풍 손하절 장녀 바람	초여름 입하	음목 동남 동남손목	만물이 생해서 자라나는 것이 마치 비를 맞아 깨끗이 닦고 균일하게 윤택해지는 것과 같은 것이다.
상견호리(9) 相見乎離 ☲	삼리화 이허중 중녀 불	한여름 하지	화 정남 남방리화	진과 손의 때를 거쳐 윤택해진 만물이 리의 한여름에는 무성히 번창하여 그 본 모습을 다 보이니 "개상견(皆相見)"하는 것이다. * 리에서 무성하고
치역호곤(2) 致役乎坤 ☷	팔곤지 곤삼절 모친 땅	초가을 입추	음토 서남 서남곤토	곤은 땅이며 만물을 기르는 곳이다. 양이 음에 위임하여 만물을 기르니 "개치양언(皆致養焉)"이 된다.
열언호태(7) 悅言乎兌 ☱	이태택 태상절 소녀 연못	한가을 추분	음금 정서 서방태금	결실수확이 있는 때이므로 기쁨이 있는 때 * 태에서 결실을 이루고
전호건(6) 戰乎乾 ☰	일건천 건삼련 부친 하늘	초겨울 입동	양금 서북 서북건금	건은 서북방의 괘니 음과 양이 부딪힌다는 말이다. 후천팔괘로도 음의 방소와 양의 방소가 서로 교접하는 때
노호감(1) 勞乎坎 ☵	육감수 감중련 중남 물	한겨울 동지	수 정북 북방감수	만물이 잠들고 쉬는 때, 피로를 풀도록 위로함 * 감에서 잘 저장하여 공을 이루고 그 수고로움을 위로하는 것이다.
성언호간(8) 成言乎艮 ☶	칠간산 간상련 소남 산	초봄 입춘	양토 동북 동북간토	한 해를 완전히 마치고 새로이 봄을 맞이하는 때, 모든 일을 이룸

⑥ 지지 생성법

차례	하도수	지지	음/동물	오행		달	괘상	괘명	시간
1	1	子	자/쥐	水 양수		11월	䷗	지뢰복(復)	밤12시
2	10	丑	축/소	土 음토		12월	䷒	지택림(臨)	새벽2시
3	3	寅	인/호랑이	木	양목	1월	䷊	지천태(泰)	새벽4시
4	8	卯	묘/토끼		음목	2월	䷡	뇌천대장(大壯)	새벽6시
5	5	辰	진/용	土 양토		3월	䷪	택천쾌	오전8시
6	2	巳	사/뱀	火	음화	4월	䷀	중천건(乾)	오전10시
7	7	午	오/말		양화	5월	䷫	천풍구	낮12시
8	10	未	미/양	土 음토		6월	䷠	천산돈	오후2시
9	9	申	신/원숭이	金	양금	7월	䷋	천지비	오후4시
10	4	酉	유/닭		음금	8월	䷓	풍지관(觀)	오후6시
11	5	戌	술/개	土 양토		9월	䷖	산지박(剝)	오후8시
12	6	亥	해/돼지	水 음수		10월	䷁	중지곤(坤)	밤10시

2. 소성괘(8괘) 집중분석

(1) 팔괘의 속성 1

괘	☰	☱	☲	☳	☴	☵	☶	☷
괘서(卦序)	1	2	3	4	5	6	7	8
괘명(卦名)	건(乾)	태(兌)	리(離)	진(震)	손(巽)	감(坎)	간(艮)	곤(坤)
괘상(卦象)	천(天)	택(澤)	화(火)	뇌(雷)	풍(風)	수(水)	산(山)	지(地)
괘덕(卦德)	건(健)	열(悅)	려(麗)	동(動)	입(入)	함(陷)	지(止)	순(順)

팔괘의 속성 2

괘	☰	☱	☲	☳	☴	☵	☶	☷
주효	건삼련 乾三連	태상절 兌上絶	이허중 離虛中	진하련 震下連	손하절 巽下絶	감중련 坎中連	간상련 艮上連	곤삼절 坤三絶
근취저신	수(首)	구(口)	목(目)	족(足)	고(股)	이(耳)	수(手)	복(腹)
원취저물	마(馬)	양(羊)	치(雉)	용(龍)	계(鷄)	돈(豚)	구(拘)	우(牛)
후천방위	서북	서	남	동	동남	북	동북	서남

팔괘의 속성 3

괘	☰	☱	☲	☳	☴	☵	☶	☷
오행	양금	음금	화	양목	음목	수	양토	음토
사람	부	소녀	중녀	장남	장녀	중남	소남	모
사상	태양		소음		소양		태음	

(2) 팔괘의 성질

구분	성질
乾	하늘, 둥근 것, 인군, 아버지, 옥, 금, 찬 것, 얼음, 크게 붉은 것, 좋은 말, 늙은 말, 마른 말, 얼룩 말, 木果
兌	못, 소녀, 무당, 입과 혀, 헐고 끊어짐, 아부하고 결단하는 것, 첩, 羊
離	불, 해, 번개, 중녀, 갑옥과 투구, 창과 병기, 그 사람에게는 큰 배가 됨, 건괘(후천 이허중 → 선천 일건천), 자라, 게, 소라, 조개, 거북, 새
震	우레, 용, 현황, 큰길, 장자, 결단하고 조급함, 푸른 대나무, 갈대, 잘 우는 말, 군사
巽	동방목, 바람, 장녀, 먹줄, 목공, 흰색, 긴것, 높음, 진퇴, 과단성이 없음(열매가 없음), 냄새가 됨, 이마가 넓음, 눈에는 흰자가 많음, 이득이 시장에서 세배나 가까운 것이 됨(2×9/6=3)
坎	물, 도랑, 숨어 엎드림, 바르고 굽음, 활과 바퀴가 됨, 그 사람에게는 근심을 더함, 심장병, 귀앓이, 붉은 색이 됨, 달, 도적
艮	산, 지름 길(작은 길), 작은 돌, 작은 문과 큰 문, 과일과 풀열매, 내시, 손가락, 개, 쥐, 부리가 검은 부류의 짐승이 됨
坤	땅, 어머니, 가마 솥, 인색함, 새끼 소와 어미 소, 큰 수레, 무리, 자루, 흙

3. 계사상·하전 효사풀이

(1) 風澤中孚(61괘)의 九二효 動(☴.)

효사	鳴鶴이 在陰이어늘 其子 和之로다. 명학　재음　　기자 화지 (우는 학이 그늘에 있거늘 그 자식이 화답하도다) 我有好爵하야 吾與爾靡之라. 아유호작　　오여이미지 (내게 좋은 벼슬이 있어 내가 너와 더불어 함께 얽힌다)
풀이	o 학(鶴) : 손하절 바람괘는 닭이고, 태상절 못괘는 물이 되니 물가에 있는 닭으로 학이 된다. o 명(鳴) : 兌는 입인데, 초구를 가리면 내호괘가 진하련 우레괘이니 움직이며 소리를 내고 있다. 즉 학이 입으로 소리를 내어 울고 있는 것이다. o 음(그늘) : 구이는 음자리에 있기 때문에 그늘에 있다고 한 것이다. o 기자화지(其子和之) : 각 효중 2효는 어머니자리이고, 5효는 아버지자리인데, 여기서는 어머니의 상대로서 부부관계가 아닌 모자관계로 놓고 말한 것이다. 손괘를 종괘로 보면 태상절 못괘가 된다. 그러니 어미 학이 우니 새끼 학이 화답을 하고 있다는 것이다. 이것이 바로 中孚이다. o 중부의 정치를 하려면 인군과 신하가 가식이 없고 진실성이 있어야 하는 것이다.
점해	o 재·관·혼사·시험 모두 하늘이 돕고 사람이 도와 순조로이 이룬다.

(2) 天火同人(13괘)의 九五爻 動(☷)

효사	同人이 先號咷而後笑라. 동인 선호조이후소 (동인이 먼저 부르짖어 울고 뒤에는 웃는다)
풀이	o 동인(同人) : 六二 음효를 말한다. 음효 하나를 두고 초구, 구삼, 구사, 구오, 상구의 모든 양들이 동인하려고 하는 것이다. o 선호조(先號咷) : 여기의 중정한 구오는 중정한 육이와 서로 잘 응하니 누가 뭐라 해도 하늘이 정해준 배필이다. 그러나 구사와 구삼이 방해하고 있어 서로 못 만나고 있어 만나기 전에는 호소하며 울부짖는 것이다. o 이후소(而後笑) : 그러나 만나게 되어 만난 뒤에는 웃는다. 이런 만남은 그냥 되는 것이 아니니 큰 군사를 일으켜야 하는 것이다. 하늘괘가 전부 변하면 곤괘가 되어 군사가 나온다. 구사는 스스로 물러났지만 구삼이 군사를 매복시키고 일전불사하므로 구오는 큰 군사를 일으켜 구삼과 싸워 이겨야 만난다는 것이다. o 동인에서 가장 중요한 것은 서로 뜻이 맞아야 한다는 것이다.
점해	o 처음에는 많은 어려움이 있으나, 무난히 극복하고 성공의 기쁨을 만끽한다.

(3) 澤風大過(28괘)의 初六효 動(䷛.)

효사	初六 藉用白茅니 无咎라. 초육 자용백모 무구 (초육은 '제사 지내기 위해' 자리를 까는데 흰 띠를 쓰니 허물이 없다)
풀이	o 초육(初六) : 맨 밑에 있는 음이니까 바닥에 까는 자리가 된다. o 자용백모(藉用白茅) : 손하절 나무는 음목이다. 음의 나무는 풀, 띠 등의 종류가 된다. 손하절은 색이 白色이다. 이렇게 해서 白茅가 나온다. 흰 띠를 꺾어다 맨 밑에 자리를 깐다. 巽은 공손한 건데, 초육이 변하면 건삼련 하늘이 된다. 하늘에 공손히 제사를 지내는 것이다. o 그냥 땅바닥에 놓고 제사를 지내는 것이 아니라 흰 띠를 깔고 제사를 지내니, 그런 사람이 무슨 탈이 있겠느냐고 말한 것이다.
점해	o 유약한 몸으로 대과한 때에 아래에 있으니, 성심을 다하여야 위험을 면한다.

(4) 地山謙(15괘)의 九三효 動(䷎·)

효사	勞謙이니 君子ㅣ有終이니 吉이라. 노겸 군자 유종 길 (수고로운 겸이니 군자가 마침이 있으니 길하다.)
풀이	o 노겸(勞謙) : 산은 땅 위에 있어야 하는데 밑에 있으니까 겸손한 것이다. 또 양이라는 것은 음 위에 군림해야 하는데 오히려 그 밑에 있다. 그래서 구삼은 겸손해지는 것이다. 구삼은 수고로워도 겸손하고 있다고 했다. o 군자유종길(君子有終吉) : 다섯 음을 위해 하나의 양인 구삼이 노력을 하니까 구삼처럼 수고로울 수가 없는데도 구삼이 계속 겸손만 하고 있으니 유종의 미를 거두어 길하다고 함.
점해	o 처음은 자신을 낮추어 겸손하고 나중에는 큰 목적을 이루어 유명해진다.

(5) 重天乾(1괘)의 上九爻 動(䷀)

효사	亢龍이니 有悔라. 항룡 유회 (높은 용이니 뉘우침이 있다)
풀이	o 초구의 용 : 潛龍 o 구이의 용 : 見龍 o 구삼의 용 : 乾龍 o 구사의 용 : 躍龍 o 구오의 용 : 飛龍 o 상구의 용 : 亢龍 o 상구의 용은 지나친 용이다. 건괘의 지나친 자리에 있는 상구의 용을 두고 주공이 '높은 용이니 후회가 있다'고 했다.
점해	o 마치 객이 석양을 바라보며 방황하는 것과 같다.

(6) 水澤節(60괘)의 初九爻 動(䷺)

효사	不出戶庭이면 无咎라. 불출호정 무구 (호정을 나가지 않으면 허물이 없다)
풀이	o 불출호정무구(不出戶庭无咎) : 초구로 말할 것 같으면 앞에 九二의 陽에 가로막혀 있다. 그러니 앞으로 나가게 된다면 절을 지키지 못하는 것이고 나가지 않으면 절을 지키게 되어 탈이 없다. 그래서 초구는 집으로 말하면 맨 안쪽에 있어 방안인데 방문 앞에도 나가지 말라고 한 것이다.
점해	o 초효는 나아가면 흉함이 많고, 물러나 제자리에 있으면 길함이 많다.

(7) 雷水解(40괘)의 六三爻 動(䷧·)

효사	負且乘致寇至라 하니 盜之招也라. 부차승치구지　　도지초야 ('져야 할 것이 또 타고 도적 이름을 이룬다'라 하니, 도적을 부름이라)
풀이	o 육삼은 음으로 소인인데 三陽자리에 있으니 군자를 타고 있다. 또 해괘의 初六을 가리면 내호괘가 이허중으로 속이 텅빈 수레가 된다. 육삼이 구이의 위에 있으니 구이를 탄 것이다. 위로는 또 구사를 짊어지고 있다. 짊어지고 또 탄 것이다. 도적치고는 큰 도적이다. 음이 양자리에 있어 中도 못 얻었고, 陰陽應도 안 되니 이런 말이 나온다. o 부차승치구지 도지초야(負且乘致寇至 盜之招也) : 져야 할건 져야 하고 타야 할 건 타면서 제 분수대로 하면 아무 일이 없는데, 그 못된 도둑놈 심보 때문에 문제가 된다. 그 욕심이 모두 전염되고 만연되어 사회가 혼란하므로 문제가 생긴다. 이렇게 모두들 세상을 살면서 도둑을 쫓아야 하는데 오히려 불러들이고 있다는 것이다.
점해	o 부당위하고 不中하여 분수를 모르고 날뛰다, 스스로 도적을 불러 화를 당한다. 남의 것을 바라거나 분수 밖의 일을 하면 도둑이 되고, 또 도둑을 당하는 연쇄적 부끄러움을 당하게 된다.

(8) 澤山咸(31괘)의 九四爻 動(䷥·)

효사	憧憧往來면 朋從爾思라. 동동왕래 붕종이사 (자주자주 가고 오면 벗이 네 생각을 쫓는다)
풀이	○ 동동왕래 붕종이사(憧憧往來 朋從爾思) : 초육은 발가락으로 느끼고(感其拇), 육이는 장딴지로 느끼고(感其腓), 구삼은 넓적다리로 느끼고(感其股), 구사는 중심지에서 느끼는 것이다. 마음이 서로 하나가 되고 실제적으로 남녀가 교합하여 동동왕래하는 자리이다.
점해	○ 자벌레가 몸을 굽힘은 펴려고 하듯이, 장래를 위하여 다소 몸을 위축하고 고통을 겪는다.

(9) 澤水困(47괘)의 六三효 動(☱·)

효사	困于石하며 據于蒺藜라. 곤우석 거우질려 (돌에 곤하며 가시덤불에 웅거하니라) 入于其宮이라도 不見其妻ㅣ니 凶이라. 입우기궁 불견기처 흉 (그 집에 들어가더라도 그 아내를 보지 못하니 흉하다)
풀이	o 곤우석 거우질려(困于石 據于蒺藜) : 돌에 곤하며 가시덤불에 웅거하니라. 육삼이 돌에 곤한다는 것은 구사 양효를 두고 하는 말이고 가시덤불에 웅거한다는 것은 구이를 두고 하는 말이다. 앞으로 나아가려니 구사에게 막혀 곤우석이고 앉아 있으려니 구이에게 거우질려라. o 제 집에 들어가려 해도 집에서 제일 가까운 아내를 보지 못하게 되었다는 것은 큰 문제이다. 그래서 흉이라 하니, 이 육삼여자가 음양응이 되지를 않고 음이 양자리에 있어 부당하고 중도 못 지켜 중심도 잃고 부당한 짓을 하기 때문에 흉하다. 위로는 구사 남자가 있고 아래로는 구이라는 남자가 있지만 위로 가려니 돌에 부딪히듯 곤하고 아래로 가려니 가시덤불에 웅거하는 것 같이 괴롭다. 그래서 이러한 여자가 집에 들어가면 남편이 있겠느냐고 하였다. 남자로 말하면 집에 아내가 있겠느냐는 말이다. 그래서 흉한 것이다.
점해	o 가도 막히고 있어도 불편하며, 집에 들어가도 반길 사람이 없으니 외롭고 슬프다.

(10) 雷水解(40괘)의 上六효 動(䷧')

효사	公用射隼于高墉之上하야 獲之니 无不利라. 공용석준우고용지상　획지　무불리 (公이 높은 담 위에서 새매를 쏘아 얻으니 이롭지 않음이 없다)
풀이	o 내괘인 감중련 물은 북방수, 외괘인 진하련 우레는 동방목이다. 북방에서 동방으로, 수왕절이 목왕절로 가니까 겨울이 봄으로 가는데, 우레괘가 물 밑에 있으면 水雷屯이다. 그건 물속에서 우레가 나오느라 어려운 것이고, 뇌수해는 이미 물속에서 나왔으니까 이 동방목 나무가 수생목으로 물의 지원을 받아 튀어나오는 것이다. 이렇게 해서 봄이 와 해동이 되어 해결된다. o 여기서 公은 군자든 인군이든 주역을 공부한 이든 이렇게 여러 가지 뜻으로 말한 것이다. o 隼은 새매이며, 새는 남방주작인데, 여기 상육이 변하면 이허중 불괘가 되니까 새가 나온다. 남방주작은 물질만능을 숭상하고 과학문명만 맹종하는 서양권을 말한다. o 여기서 공자가 말한 弓矢는 새매를 잡는 기구이고, 그 기구는 바로 주역이다. 주역을 공부한 군자가 그 기구를 잘 키워서 때가 되면 써먹어야 이로운 것이지, 그것을 모셔두기만 하면 아무 소용이 없다는 것이다.
점해	o 어떠한 어려움 속에서도 인내와 노력으로 극복하고, 큰 힘을 길러 정상에 오른다. 대기만성 격으로 경쟁자를 모두 물리치고 성공한다.

(11) 火雷噬嗑(21괘)의 初九효(☲☳.)

효사	履校하야 滅趾니 无咎ㅣ라하니 此之謂也ㅣ라. 구교 멸지 무구 차지위야 ('형틀을 씌워서 발꿈치를 멸하니 허물이 없다'라 하니, 이를 이름이라)
풀이	o 옥을 다스리는 서합괘의 초구와 상구는 죄인이고 육이·육삼·구사·육오는 죄인을 다스리는 옥관들이다. 초구는 경범죄에 해당하고 상구는 큰 죄에 해당한다. 초구는 구교멸지(수갑을 발에 채워 꼼짝 못하게 한다) 상구는 하교멸이 (何校滅耳 : 큰 칼 즉 항쇄를 목에 씌운 것이다) o 내괘는 진하련 우레괘이므로 동하는 괘다. 동하는 괘에 수갑을 채워버리면 내호괘는 간상련 산괘가 된다. 그치는 것이다.
점해	o 입안의 물건을 씹어 합하면 몸을 기를 수 있어 좋지만, 먹지못하면 오히려 해가 된다. 따라서 열의와 정성으로 하여야만 사회의 모든 폐단을 다스릴 수 있다.

(12) 火雷噬嗑(21괘)의 上九효(☲☳)

효사	何校하야 滅耳니 凶이라 하니라. 하교 멸이 흉 ('형틀을 짊어져서 귀를 멸하니 흉하다' 하니라)
풀이	o 외괘는 이허중 불괘인데 상구효에 수갑을 채우면 외호괘는 물괘가 되어 귀를 다치게 되는 것이다. 귀를 멸한다는 건 몸을 다치게 하는 것이 아니라, 큰 죄를 지은 사람을 격리시켜서 아무도 못 만나게 하고 아무도 못 듣게 하여 죄를 뉘우치게 함을 말한다. o 하루 착한 일을 행할지라도 복은 비록 이르지 않으나 재앙은 저절로 멀어지고, 하루 악한 일을 할지라도 재앙은 비록 이르지 않으나 복은 저절로 멀어진다.(명심보감)
점해	o 자기 잘못을 반성하지 않고 계속 과오를 지어 용서받지 못할 죄인이 된다. 이것이 모두 욕심 때문에 남의 충언을 듣지 않아 愚를 범한 것이다.

(13) 天地否(12괘)의 九五효 動

효사	其亡其亡이라아 繫于苞桑이라 하나라. 기망기망　　　계우포상 ('그 망할까 망할까 하여야 더부룩한 뽕나무에 맨다'라 하나라)
풀이	○ 상구를 가리면 외호괘가 손하절 나무괘가 되어서 뽕나무가 나온다. 성한 뽕나무 뿌리는 질기고 단단한데, 이 뽕나무에다 붙들어 맨다는 것은 국가를 반석 위에 놓는다는 뜻으로 국가를 튼튼하고 편안히 해서 국가의 안녕을 영구하게 함을 말한다. ○ 즉 나라가 망할까 망할까 염려하며 다스려야만 국가를 영원토록 안녕히 보존하고 편안하게 다스릴 수 있는 것이다.
점해	○ 모든 일이 패할 듯 하다가 다시 일어서게 된다. 밤이 가니 날이 새는 격이고, 운이 다시 돌아오니 기초를 튼튼히 한다.

(14) 火風鼎(50괘)의 九四효 動(䷱·)

효사	鼎이 折足하야 覆公餗하니 정 절족 복공속 ('솥발이 끊어져서 公(임금)의 밥을 엎으니) 其形이 渥이라 凶이라 하니 言不勝其任也ㅣ라. 기형 악 흉 언불승기임야 (그 얼굴이 젖어 흉하다'라 하니 그 책임을 이기지 못함을 말함이라)
풀이	o 화풍정괘에서 초육은 솥발이고, 구이·구삼·구사는 솥 속에서 음식물이 차 있는 것이고, 육오는 솥귀, 상구는 솥고리이다. 육오는 인군이요, 인군 밑의 구사는 대신이다. 이 대신은 초육 백성하고 응했다. 백성을 다스리는 것이 사실 대신이다. 육오의 명을 받아 구사 대신이 정치를 하는데 잘못하는 것을 말한다. 왜냐하면 양이 음자리에 있고 중을 못 얻은 구사가 德薄而位尊, 知小而謀大, 力小而任重해서 잘못하는 거다. o 상괘인 이허중 불괘는 밝은 지혜가 있는 것이지만 상구를 가리면 외호괘가 태상절 못괘이다. 물론 '지자요수'이지만 태는 해가 지는 서방으로 침침해서 지혜가 적은 곳인데 꾀만 크다. 육오가 변하면 건삼련 하늘괘가 되니까 하늘과 같이 큰 꽤만 내고 있다. o 기형악(其形渥) : 구사가 부끄럽고 또 무서워서 벌벌 떠니 땀이 주르르 흐른다. 그 얼굴이 땀으로 흠뻑 젖는 것이다.
점해	o 힘은 적은데도 능력을 헤아리지 않고 중책을 맡아 일을 그르치니 벌을 받는다.

(15) 雷地豫 (16괘)의 六二효 動(☷.)

효사	介于石이라 不終日이니 貞코 吉타 하니 개우석　　부종일　　정　길 (절개가 돌이라. 날을 마치지 아니하니 貞하고 吉하다) 介如石焉커니 寧用終日이리오. 斷可識矣로다. 개여석언 영용종일 단가식의 (절개가 돌과 같은데 어찌 종일을 쓰리요. 판단해서 가히 아는도다)
풀이	o 초육을 가리면 내호괘는 간상련 산괘이다. 간괘는 돌이라고도 한다. 육이의 절개가 돌처럼 단단한 것은 육이가 음이 음자리에 있고 내괘에서 중을 얻었기 때문이다. o 개우석 부종일(介于石 不終日) : 군자는 그 기미를 먼저 보고 일어나서 종일을 기다림 없이 당장 실행으로 옮기는 것이다. o 개여석언 영용종일(介如石焉 寧用終日) : 절개가 돌이라면 해가 넘어가기를 기다릴 필요가 없다는 것이다. o 단가식의(斷可識矣) : 그때 그때 옳은 일을 판단해서 그냥 알고 행하라는 말이다.
점해	o 옳다고 생각하는 일에 꿋꿋하게 나아가면 당일로 성사한다.

(16) 地雷復(24괘)의 初九효 動(䷗.)

효사	不遠復이라 无祗悔니 元吉이라 하니라. 불원복 무지회 원길 ('머지않아 회복하니라. 뉘우치는 데 이르지 않으니 크게 길하다'고 하니라)
풀이	o 복괘는 하나의 陽이 처음 생기는 동짓달 괘이다. o 불원복 무지회(不遠復 无祗悔) : 선하지 못한 걸 보고 얼른 깨닫고 다시는 그런 짓을 하지 않는 사람은 극기복례를 잘해서 머지않아 선을 회복할 수 있다. o 부생(復生) : 불선함을 일찍이 알고, 알고 나서는 다시는 행하지 않으면 사람이 본성을 회복하기가 쉽다.
점해	o 모든 어려움 속에서도 꾸준한 인내와 노력으로써 자기 몸을 정립하니 앞길이 훤히 트였다.

(17) 山澤損(41괘)의 六三효 動(䷨)

효사	三人行앤 則損一人코 삼인행 즉손일인 (세 사람이 가는 데는 한 사람을 덜고, 一人行앤 則得其友ㅣ라 하니 言致一也ㅣ라. 일인행 즉득기우 언치일야 ('한 사람이 가는 데는 곧 그 벗을 얻는다' 하니 하나를 이룸.
풀이	ㅇ 함괘 구사로부터 헤아려 60번째 효가 손괘 육삼인데, 만 열 달이 차서 잉태한 애를 낳는 때가 손괘 육삼이다. ㅇ 본래 산택손괘는 손괘의 육삼자리에 양이 와 있고 상구자리에 음이 와있는 지천태괘이다. 이 지천태괘에서 구삼 양이 상효자리로 가서 上九가 되고, 상효자리에 있던 상육 음이 아래 삼효 자리로 내려와 六三이 된 것이 산택손괘이다. ㅇ 삼인행 즉손일인(三人行 則損一人) : 지천태괘의 세 양효가 더불어 같이 가다가 삼효 자리에 있던 양이 상효자리로 덜려 나가는 것을 말한다. ㅇ 일인행 즉득기우(一人行 則得其友) : 상효로 홀로 올라간 그 양이 아래로 손괘 육삼의 음과 짝을 이루는 것을 말한다.
점해	ㅇ 財는 三人이 동업하다 한 사람을 독립시키는 기쁨이 있게 된다. 결론적으로 두 사람이 동업하는 것이 좋다.

(18) 風雷益(42괘)의 上九효 動(䷩)

효사	莫益之라 或擊之리니 立心勿恒이니 凶이라 하니라. 막익지 혹격지 입심물항 흉 ('더하지 마라. 혹 치리니 마음을 세워 항상하지 못하니 흉하다'라고 하니라.)
풀이	o 풍뢰익괘는 공자께서 단전에 동방목도가 행해진다는 목도내행으로 말하였고, 이씨가 나라를 다스렸던 조선에서는 동방목에 해당하는 풍뢰익괘의 巽木과 震木이 각기 계룡의 형상에 합한다고 해서 산이름을 계룡이라고 하였다. 또 동방목도가 행해진다는 홍익인간에도 이 益자가 들어 있다. o 너만 유익하려고 하다 오히려 남에게 곤경을 당한다. 그것은 마음을 세웠다가 욕심으로 마음이 변했기 때문에 항구한 덕을 잃어서 흉하게 된다는 것이다.
점해	o 너무 욕심을 부리다 망한다. 자기 이익만 추구하고 남에게 피해를 입히면 남이 공격해 온다.

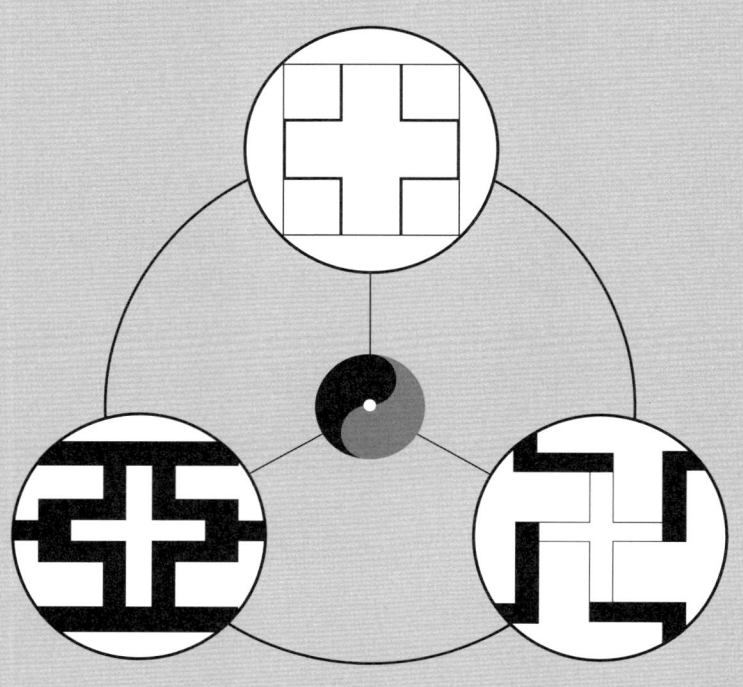

# 제3장 주역(周易) 보감(寶鑑)

1. 대성괘(상경: 1-30괘) 종합분석

(1) 중천건

괘 명	重天乾
괘 상	아래로 乾이요, 위도 乾이다. 하늘이 거듭되었으니 중첩의 象. 하늘은 조금도 쉼이 없으므로 덕을 쌓기를 쉬지 않고 밖으로 업을 쌓기를 쉬지 않으니 건도는 성인의 일이 된다. 자강불식(自疆不息)
괘 서	양을 대표하는 건이 만물을 낳음에 맨 먼저 건괘를 둠.
괘 덕	모든 일에 급진적으로 나아감이 불리하고, 부단한 노력과 인내로서 나아감이 좋다. 金에 속한다. 음력 4월. 서북방이다.
寶 鑑	정치인의 소임은 세상의 정의를 바로잡는 것이다.(정도전)

(2) 중지곤

괘 명	重地坤
괘 상	땅이 아래위로 거듭되었으니 重地의 象. 땅은 받아들이는 덕이 있으므로 덕 쌓기를 두텁게하니 현인군자의 일이 된다. 하늘은 베풀고 땅은 받아들이므로 천도현덕이라고도 한다. 후덕재물(厚德載物)
괘 서	음을 대표하는 곤이 만물을 기르니, 건 다음에 곤괘를 둠.
괘 덕	군자가 坤의 그 어질고 후한 덕으로 모든 만물을 다 포용한다. 土에 속한다. 음력 10월. 서남방이다.
寶 鑑	정의란 공정한 절차에 의해 합의된 것.(존 롤즈)

(3) 수뢰둔

괘 명	水雷屯
괘 상	아래는 震下連 우뢰괘, 위로는 坎中連 물괘로 水雷의 象. 물속에 우레가 움직이니 만물이 시생하는 상이다. 만물이 나올 때는 참으로 어렵게 나오므로 괘명이 둔이다.
괘 서	천지 사이에 가득 찬 만물이 나오는 과정이 어렵다고 해서 건·곤괘 다음에 둠.
괘 덕	매사 초창기이며, 경륜하고 설계하는 때. 4대(四大) 난괘(難卦) 중 하나. 망동하지 말고 기초를 공고히 하여 초창기의 어려움을 극복한다. 水에 속한다. 음력 6월. 동과 북에 근거를 두고 있다.
寶鑑	내가 크기 때문에 작은 자를 섬기는 것(사소주의)이 하늘을 즐기는 자이고, 작은 사람이 큰 사람을 섬기는 것(사대주의)은 하늘을 두려워할 줄 아는 사람이다. 하늘의 명을 즐길 줄 아는 사람은 천하를 가질 수 있다. 반면 하늘의 명을 두려워할 줄 아는 사람은 자신의 나라를 보존할 수 있을 것이다.(맹자)

(4) 산수몽

괘 명	山水夢
괘 상	아래는 坎中連 물, 위에는 艮上連 산, 그래서 山水의 象. 산 아래에 물이 처음으로 솟아나오는 상이니 괘명이 몽이다.
괘 서	屯에서 물건이 어렵게 막 나오면 아직 어려서 몽매하므로 屯괘 다음에 둠.
괘 덕	몽은 외산내수의 상으로, 물이 산 아래에서 바다를 향하여 흐르는 격이다. 내호괘 震목이 산속에서 수분을 얻어 자라니, 목적을 향하여 꾸준히 노력하면 성공하는 괘이다. 火에 속한다. 음력 8월. 북과 동북에 근거를 두고 있다.
寶鑑	아전의 인원수가 적으면 한가하게 지내는 자가 적어서 백성을 침학하고 가렴하는 일이 심하지 않을 것이다.(목민심서 吏典6條) 작은 정부가 되어야 쓸데없는 규제가 양산되지 않을 것이다.

(5) 수천수

괘 명	水天需 ䷄
괘 상	아랫괘는 乾三連 하늘괘, 위의 괘는 坎中連 물괘이니 水天의 象. 구름이 하늘 위에 있으니 구름은 꼈지만 아직 비가 오지 않는 상이다. 비 온다는 것은 음양이 화합한다는 뜻이니 비올 때까지 기다리는 상이다. 그러므로 괘명이 수다.
괘 서	몽에서 아직 어려 길러야 하고, 먹여 길러야 하겠기에 몽괘 다음에 수괘를 놓음.
괘 덕	수는 '내건 외험'하니 마음을 굳세게 갖고 험한 곳으로 나아가지 말아야 한다. 또한 구름이 하늘 위에만 있을 뿐 비가 되어 내리지는 못하니, 목마른 중생이 비 오기를 기다린다. 사람이 먹고 사는 음식괘가 된다. 土에 속한다. 음력 8월. 북과 서북에 근거를 두고 있다.
寶鑑	민중이 보는 지도자의 평가! 최고의 군주는 민중들이 "우리 임금 계신가 보다" 정도만 인식하는 지도자다. 두 번째 지도자는 민중들이 "우리 임금 최고야"하는 칭찬받는 지도자이다. 세 번째 지도자는 민중들이 "우리 임금 무서워"하며 피하는 지도자이다. 네 번째 지도자는 민중들이 "우리 임금 못됐어" 욕하는 지도자이다.(도덕경)

(6) 천수송

괘 명	天水訟 ䷅
괘 상	아래는 坎中連 물괘, 위는 乾三連 하늘괘로 天水의 象. 천일생수다. 하늘은 기의 시작이고, 물은 형체의 시작이니 하늘과 물은 근원이 같은 자리이지만 갈수록 어긋나기만 하는 상이다. 그러므로 괘명이 송사한다는 송이다.
괘 서	음식이 있다 보니까 그 음식 때문에 송사가 있게 되었으므로 음식 수괘 다음에 송괘를 놓음.
괘 덕	일을 하는 데는 처음부터 잘 생각해서 하여야 하고, 큰 일을 하여야 한다. 대인을 찾아 협조를 구하고, 중도를 지켜야 한다. 火에 속한다. 음력 2월. 서북과 북방에 근거를 두고 있다.
寶鑑	덕미이위존(德微而位尊) : 고위공직자의 조건으로 그 직위에 적합한 인격과 능력을 갖춰야 한다. 아무리 높고 좋은 자리가 있어도 자신의 그릇으로 맞지 않다면 스스로 사양하고 포기할 줄 알아야 한다.(주역 50괘 火風鼎)

(7) 지수사

괘 명	地 水 師 ䷆
괘 상	아래는 물이요, 위에는 땅이니 地水의 象. 땅 속에 물이 고여 있는 상이다. 또한 순한 곳에 험한 것을 숨기고 있는 상도 된다. 백성 속에 군사를 숨기고 있는 모습과 같으니 평상시의 농기구가 유사시에 병기가 되는 이치다. 그러므로 괘명이 무리를 뜻하는 사다.
괘 서	송사를 하다 보니까 이 송사가 떼를 지어 일어나 서로 상대국끼리 싸워서 나라를 빼앗으려는 국가적인 전쟁으로 확대되므로 송괘 다음에 놓음.
괘 덕	군사, 군인, 무력을 사용하는 괘이니, 군인으로서 대장이 되고 군사를 이끌고 출전한다. 근심하고 싸우는 즉 위난하고 위태한 곳에 가 그 위험을 평정한다. 水에 속한다. 음력 7월 괘이며, 북에 있으며 서남과 관련이 있다.
寶 鑑	재물을 모으면 백성이 모두 흩어지고(財聚則民散), 재물을 흩트리면 백성이 모여들게 된다.(財散則民聚) 재물에 대해 분명해야만 대장부라 한다.(대학 치국평천하편)

(8) 수지비

괘 명	水 地 比 ䷇
괘 상	아래는 땅, 위에는 물이니 水地의 象. 땅 위에 물이 흐르는 상이다. 서로 친하고 돕는 모습이므로 괘명이 비가 된다. 양효 하나가 위에 있고 다섯 음효가 따르고 있으니 천자의 상이다.
괘 서	무리는 반드시 돕는 바가 있어야 하니, 사괘 다음에 놓음.
괘 덕	정직한 사람이 정직한 방법으로 공동작업하며 서로 협조해야 길하다. 土에 속한다. 음력 7월 괘이며, 북과 서남에 근거를 두고 있다.
寶 鑑	대안을 제시하는 불만은 창조자이다. 그러나 대안을 제시하지 않는 불만은 파괴자이다.(三明)

(9) 풍천소축

괘 명	風天小畜 ䷈
괘 상	아래는 하늘, 위는 바람이니 風天의 상. 바람이 하늘 위에 부는 상이다. 바람은 만물을 기르는 덕이 있지만 형체가 없으므로 괘명이 소축이다.
괘 서	서로 도와 차츰 차츰 쌓게 되므로 비괘 다음에 놓음.
괘 덕	안으로 강건하고 밖으로 손순하여 적게나마 일이 성사된다. 처음에는 구름 끼고 비가 오지 않다가 나중에 비가 오는 것이 소축인 것이다. 木에 속한다. 음력 11월에 해당하고, 서북과 동남방에 근거를 두고 있다.
寶 鑑	마음을 비운다는 무심(无心)은 '공평하고 공정한 마음으로 정의를 구현한다'는 것을 의미한다.(三明)

(10) 천택리

괘 명	天澤履 ䷉
괘 상	위는 하늘, 아래는 못이니 天澤의 象. 위에는 하늘이 있고 아래에는 못이 있으니 하늘의 모습이 못 속에 비추는 상이다. 천도는 그대로 따라가는 상이니 상하를 구분하고 시비를 분별해서 바르게 밟는 뜻으로 괘명이 리다.
괘 서	사람이 모이는 데는 예절이 있어야 하기 때문에 소축괘 다음에 놓음.
괘 덕	금전적으로 번뇌가 많고, 양자를 들여 기르게 된다. 산제나 불공 등 정성을 드리면 좋다. 土에 속한다. 음력 3월 괘이며, 서북과 서쪽에 근거를 두고 있다.
寶 鑑	"무엇이 옳은가?"라는 질문보다 "누가 옳은가?"라는 질문에 더 관심이 있다면 그는 임원이 되어서는 안 된다. 부하직원이 실수했다는 것을 발견해도 수정하기보다는 은폐하도록 조장한다.(피터드러커 경영바이블 중에서)

(11) 지천태

괘 명	地 天 泰 ䷊
괘 상	땅이 올라가고 하늘이 내려오며, 양이 내려오고 음이 올라가 사귀니 地天의 象. 천지가 사귀는 상이다. 천지와 상하가 통하였으므로 괘명이 태다. 안으로는 양이 되고 건강한 덕이 있고 군자의 상이지만 밖으로는 음이 되고 유순한 덕을 행하고 소인의 모습을 하니, 군자의 도가 자라고 소인의 도가 사라진다.
괘 서	예절을 지켜 태평한 연 후에 편해지니 이괘 다음에 둠.
괘 덕	천지가 사귀어 나라는 태평하고 사회의 질서는 잘 유지되며 집안은 태평하다. 土에 속한다. 음력 1월 괘이며, 서북과 서남에 근거를 둔 괘다.
寶 鑑	작은 국가는 외교정책의 해법에 공감이든 반감이든 감성을 뒤섞을 여유가 전혀 없다. 현실적인 외교정책은 국제정치를 결정할 요인들, 즉 국가간 권력관계와 국익에 대한 자각에 기초해야 한다. (대변동, 재레드 다이아몬드)

(12) 천지비

괘 명	天 地 否 ䷋
괘 상	위는 하늘, 아래는 땅으로 天地의 象. 천지가 사귀지 않는 상이다. 천지와 상하가 비색하므로 괘명이 비다.
괘 서	한번 다스려지면 한번 어지러워지는 것이므로 통한다는 태괘 다음에 막힌다는 비괘를 둠.
괘 덕	천지가 사귀지 못하여 상하가 불통하니, 국가와 사회에 혼란이 오고 가정이 불화가 있다. 몸은 병객이 되며, 매사가 이루어지지 않는다. 金에 속한다. 음력 7월 괘이며 서북과 서남이 불화한다.
寶 鑑	세상에는 군자도 있고 소인배도 있어, 군자가 이득을 대함에 있어서 義에 위배되지 않는 한은 행할 수 있다. 그러나 의에 조금이라도 저촉되면 과감하게 미련 없이 그 이득을 버려야 한다. (강희대제)

(13) 천화동인

괘 명	天火同人
괘 상	하늘이 위에 있고, 불이 아래에 있으니 天火의 상. 하늘은 위에 있는데 불이 올라가 함께 하니, 괘명이 동인이다. 음효 하나에 양효 다섯이 함께 하는 상.
괘 서	동인은 훌륭한 나라의 현인군자, 사회를 바르게 다스릴 수 있는 사람들이 뜻을 같이 하게 되므로 비괘 다음에 둠.
괘 덕	공정하고 의리에 맞게 하면 어떠한 일이든지 성공할 운이나, 삼가며 조심해야 하는 때이기도 하다. 火에 속한다. 음력 1월 괘이며, 수방에서 서북으로 간다.
寶鑑	무리와 결탁하여 사리사욕을 꾀하지 말라. 지도자라면 명심해야 할 점이 한 가지 있다. 특정 집단의 사람들과 친해질수록 다른 집단의 사람들과는 멀어진다는 사실이다. 그러므로 지도자가 아랫사람을 대할 때는 항상 공평함을 중시해야 한다.(관자)

(14) 화천대유

괘 명	火天大有
괘 상	乾天이 아래에 있고 離火가 위에 있어 火天의 象. 태양이 하늘 위에서 천하를 비추는 상. 음효 하나가 양효 다섯을 소유한 상이니 괘명이 대유다.
괘 서	한 사람의 인군이 만민을 거느리고 천하를 갖게 되는 것이므로 동인괘 다음에 둠.
괘 덕	만사가 형통하고 물질적인 일보다 정신적인 일에 좋다. 소인보다는 군자가 이롭다. 金에 속한다. 음력 1월 괘이며, 서북과 남에 관련 있다.
寶鑑	사람이 천지의 뜻에 어긋나는 일을 하지 않으면 천지 또한 절대 그 사람을 저버리지 않는다.(강희대제)

(15) 지산겸

괘 명	地山謙 ䷎
괘 상	坤地가 위에 있고 艮山이 아래에 있는 地山의 象. 땅 속에 산이 있는 상이다. 산이 땅 가운데 있으니 높은 덕으로 자신을 낮추고 겸손히 하는 뜻이다. 그러므로 괘명이 겸이다.
괘 서	큰 걸 가지고 있을 수록 겸손해야 한다는 의미에서 대유괘 다음에 둠.
괘 덕	현재는 쇠운이지만 점차 길운이 된다. 겸손한 것은 유익함을 낳아 결국은 잘 되는 것이며, 약한 자를 돕는 것으로 볼 수도 있다. 金에 속한다. 음력 9월 괘이며, 서남과 동북에 해당한다.
寶 鑑	군자는 의리를 먹고 살고, 소인배는 재물에 목숨을 건다.(강희대제)

(16) 뇌지예

괘 명	雷地豫 ䷏
괘 상	震雷가 위에 있고 坤地가 아래에 있는 雷地의 象. 우레가 땅 위로 분출하는 상이다. 우레는 소리를 내니 즐거워하는 뜻이 있다. 즐거우면 게을러지므로 태의 뜻이 있고 따라서 미리 예방하는 뜻도 있다. 그러므로 괘명이 예다.
괘 서	많은 것을 가지고도 겸손하니까 더욱 더 빛이 나고 즐겁다. 그래서 겸괘 다음에 둠.
괘 덕	순서를 지키고 일에 앞서 미리 예방을 하여 이득을 본다. 큰일을 위임받아 능히 이루니, 모든 사람의 우러름을 받고 주체가 되어 행동한다. 木에 속한다. 음력 5월에 해당하며, 동과 서남방에 관련 있다.
寶 鑑	군주가 비밀을 함부로 발설하면 나라를 잃게 되고, 대신이 입이 가벼우면 자신의 몸을 잃게 된다.(주역)

(17) 택뢰수

괘 명	澤雷隨 ䷐
괘 상	兌澤이 위에 있고 震雷가 아래에 있는 澤雷의 象. 우레가 하늘 위에서 횡행해야 하는데 못 속에 잠겨 있으니 때를 따르는 상이다. 세상을 따르지 않고 내 뜻을 고집하는 것이 대과라면 내 뜻을 접고 잠시 세상을 따르는 것이 수의 뜻이다. 그러므로 괘명이 수다.
괘 서	서로가 즐거우면 따르기 마련이므로 예괘 다음에 둠.
괘 덕	기뻐 따르다 보니 크게 형통하게 된다. 그러나 잘못 따르게 되면 오히려 흉하게 되므로 바르게 하면 이롭고 허물이 없다. 木에 속한다. 음력 7월 괘이며 동과 서에 근거를 두고 있다.
寶 鑑	천하는 천자의 것이 아니고, 만백성의 것이다. 만백성을 풍요롭게 할 수 있는 자가 천하를 운영해야 한다.(요임금)

(18) 산풍고

괘 명	山風蠱 ䷑
괘 상	艮山이 위에 있고 巽風이 아래에 있는 山風의 象. 산 아래에 바람이 부니 가을이 되어 낙엽지는 상이다. 나무가 썩어 벌레가 생기고 사건이 발생한 모습이다. 그러므로 괘명이 고다.
괘 서	너무 즐겁기만 하여 잘못 따르다 보니 부패한 사회가 되었다고 해서 수괘 다음에 둠.
괘 덕	사건이 많이 생기며 사회가 병들어 있다. 부정부패가 많아 사고가 많이 생기는 때이며, 예전에 어지러워진 일을 치유하고 개혁하여 어려운 일을 극복한다. 木에 속한다. 음력 1월 괘이며 간방과 손방에 일이 많다.
寶 鑑	견리사의 견위수명(見利思義 見危授命) : 이익을 보면 의로움을 생각하고, 위태로운 것을 보면 목숨을 바칠 것을 생각한다.(논어)

(19) 지택림

괘 명	地澤臨 ䷒
괘 상	坤地가 위에 있고 兌澤이 아래에 있는 地澤의 象. 못 위에 땅이 있으니 못이 땅을 따라서 가득 채워지는 상이다. 혹 배움을 구하는 뜻도 되고, 혹 세상에 임하는 뜻도 된다. 그러므로 괘명이 임이다
괘 서	국민 속에 임하여 좀 먹고 썩어버린 사회를 자각시켜야 하는 큰일을 하기 위해 군림한다는 임을 고괘 다음에 둠.
괘 덕	진목이 때를 만나 적극적으로 분발함에 지위나 부에 좋은 변동이 오니, 외국 또는 지사의 책임자로 나아간다. 다만 양기가 너무 발동하여 자신만만하게 나아가다가는 남의 감언이설에 속거나 큰 낭패를 볼 염려가 있다. 土에 속한다. 음력 12월 괘다. 서나 서남방에 근거를 두고 있다.
寶 鑑	무항산무항심(無恒産無恒心) : 백성이 배고프면 도덕심도 없다. 임금은 백성을 하늘로 삼지만, 백성은 밥을 하늘로 삼는다.(맹자) 핵보다 무서운 게 밥이다. 북한 주민을 배부르게 하는 통일정책이 북한 주민의 사상을 자유롭게 할 것이다.

(20) 풍지관

괘 명	風地觀 ䷓
괘 상	巽風이 위에 있고 坤地가 아래에 있는 象. 바람이 땅 위를 부니 군자는 바람이요, 땅 위의 풀은 소인이다. 관에 두 가지 뜻이 있으니 군자가 세상을 바라보는 관이요, 소인이 군자를 우러러보는 관이 있다. 그러므로 괘명이 관이다.
괘 서	물건이 큰 다음에 가히 보게 되니 임괘 다음에 둠.
괘 덕	큰 안목으로 정확히 관찰하여 안정을 이루고 일관성 있게 성의로 해나가면 절대적인 지지를 획득한다. 인심이 동요하니 매사에 신중하게 처신해야 한다. 이사 등 변동수가 있고, 변동할 때 재앙이 따르기 쉬우므로 조심해야 한다. 金에 속한다. 음력 8월 괘이며, 동남과 서남에 근거를 두고 있다.
寶 鑑	전쟁을 치를 능력이 없으면 평화도 말할 수 없다.(강희대제)

(21) 화뢰서합

괘 명	火 雷 噬 嗑 ䷔
괘 상	離火가 위에 있고 震雷가 아래에 있는 火雷의 象. 리화는 번개도 된다. 번개가 치고 우레가 떨치는 상이다. 괘명으로 서합이라 한다. 잘 씹어서 합한다는 뜻이다.
괘 서	사회의 악을 제거시키고, 범죄자가 없도록 하면 사회는 모두가 서합으로 합해지므로 관괘 뒤에 둠.
괘 덕	열의와 정성으로 하여야만 사회의 모든 폐단을 다스릴 수 있다. 木에 속한다. 음력 9월 괘이며, 동과 남방에 근거를 두고 둠.
寶 鑑	충신과 양신의 차이! 충신은 황제의 타락과 모자람을 간하다가 끝내 자신도 망치고 가문도 망친다. 그러나 양신은 좋은 제안만 제시하고 취사선택은 황제가 결정하도록 한다. (일본의 대기업체 간부들에게 반드시 독후감으로 써내도록 지시되는 필독서, 정관정요 중에서)

(22) 산화비

괘 명	山 火 賁 ䷕
괘 상	艮山이 위에 있고 離火가 아래에 있는 山火의 象. 산 아래에 불이 있어서 산을 밝히는 상이다. 산은 만물이 모여 있는 곳으로 밝게 비추니 예절에 밝은 문화인이요 문명한 사회를 의미한다. 그러므로 괘명이 꾸민다는 뜻의 비가 된다.
괘 서	자연스럽게 합하는 건 잘 꾸몄느냐 하는데 달려 있기 때문에 서합괘 다음에 놓음.
괘 덕	실질적 부와 실력이 부족한 사람이 외양에만 급급하여 허세를 부리다 손해를 볼 수 있으니, 큰일을 삼가하고 작은 일에 충실하면 길하다. 그러나 어느 정도 외관을 자랑하는 일은 의외로 성공하여 영달을 가져올 수 있다. 土에 속한다. 음력 11월 괘이며, 동북과 남방에 근거를 두고 있다.
寶 鑑	삼류 리더는 자기의 능력을 사용하고, 이류 리더는 남의 힘을 사용하고, 일류 리더는 남의 지혜를 사용한다.(한비자)

(23) 산지박

괘 명	山地剝 ䷖
괘 상	艮山이 위에 있고 坤地가 아래에 있는 山地의 象. 산이 땅에 붙어 있으니 아래가 허하므로 산이 계속 깎이는 상이다. 그러므로 괘명이 박이다. 양효 하나만 남겨 놓았으니 근본 양심만 남겨놓고 욕심이 가득 찬 모습이다.
괘 서	비에서 꾸민 것이 한동안 잘 써먹다 보니까 다 끝이 난다고 하니 비괘 다음에 둠.
괘 덕	생활은 불안정하나 좌절하지 마라. 최종 한 가닥 희망이 있으니 바로 석과불식 이다. 함부로 다니지 마라. 때가 오면 자신도 그 방향을 얻고 집안이 편해진다. 金에 속한다. 음력 9월 괘이며 서남과 동북방에 근거를 두고 있다.
寶 鑑	과거의 문책보다 미래의 대책을 세워라.(三明)

(24) 지뢰복

괘 명	地雷復 ䷗
괘 상	坤地가 위에 있고 震木이 아래에 있는 地雷의 象. 우레가 땅 속에 있는 상이다. 우레는 벽사의 뜻이 있으며 사람을 본성으로 회복케하니 음이 극한 속에서 양이 생하는 모습이다. 지금은 미약하지만 장차 양이 성해지는 것과 같이 천리를 점차 회복하니 괘명이 복이다.
괘 서	박에서 깎이나 다 깎이는 이치는 없기 때문에 하나 남은 양이 다시 회복하므로 박괘 다음에 둠.
괘 덕	실의와 절망 속에서 7년만에 그 모든 것을 회복한다. 잃었던 직장을 회복하고 빼앗겼던 가산을 되찾는다. 과거에 실패했던 일을 다시 하면 성공한다. 土에 속한다. 음력 11월 괘다. 동에서 서남으로 진취한다
寶 鑑	당나라가 '정관의 치(貞觀之治)'라는 태평성대를 이뤘을 때 당 태종이 위징에게 물었다. '산동과 관중(섬서)'의 인재는 같은 점과 다른 점이 각각 무엇이냐?'고. 그러자 위징이 '황제는 무조건 천하를 똑같이 여기셔야 합니다. 같음과 다름을 물으시는 것조차 해서는 안 됩니다'라고 대답했다.

(25) 천뢰무망

괘 명	天雷无妄
괘 상	乾天이 위에 있고 震雷가 아래에 있는 天雷의 象. 하늘 아래 우레가 움직이는 상이다. 만물이 소생하므로 괘명이 무망이다.
괘 서	본성을 회복하고 보니까 그 망령함이 없어지게 되었다고 해서 복괘 다음에 둠.
괘 덕	천둥소리가 갑자기 들리듯 불의의 일이 생기는 것이며, 잘못 움직이다 재앙이 생길 수 있다. 현명한 사람은 이런 때일 수록 자기 본성을 잃지 않고 모든 사람에게 정직하게 대한다. 대체로 좋지 않은 운이다. 木에 속한다. 음력 2월 괘다. 북에서 동으로 길이 열린다.
寶 鑑	분별심을 갖지 마라, 분별심은 마음의 갈등을 일으키고, 그 갈등은 스스로를 파멸시킨다.(三明)

(26) 산천대축

괘 명	山天大畜
괘 상	艮山이 위에 있고 乾天이 아래에 있는 山天의 象. 하늘이 산속에 담겨 있으니 괘명이 대축이다. 안으로 덕을 쌓는 게 소축이라면 밖으로 업을 쌓는 것이 대축이다.
괘 서	옛 성인들의 행실을 본받아서 많은 지식과 덕을 쌓으면 훌륭한 사람이 되므로 무망괘 다음에 둠.
괘 덕	작은 산 속에 큰 하늘이 있는 것과 같이 내적으로 도덕은 하늘과 같고 학식은 바다와 같으며, 외적으로는 재물과 명예를 얻는다. 土에 속한다. 음력 12월 괘다. 서북 또는 동북방에 근거를 두고 있다.
寶 鑑	성공국가의 3대 조건으로 리더쉽, 정권의 안정, 정책의 일관성을 제시하고, "교육과 경제발전을 위한 장기전략을 세울 줄 아는 지도자가 진정한 리더"라고 하였다.(리관유, 고대 특별강연에서)

(27) 산뢰이

괘 명	山雷頤 ䷚
괘 상	艮山이 위에 있고 震雷가 아래에 있어 山雷의 象. 산 아래에 우레가 있으니 위는 그쳐 있고 아래에서 움직이는 것이 입이다. 입으로 음식을 먹어서 몸을 기르고 말함으로써 덕을 기르니, 괘명이 기른다는 뜻의 이가 된다.
괘 서	물건이 커지고 많을 수록 그걸 잘 관리하고 길러야지, 그렇지 않으면 그 물건은 다 허물어지고 결국 내다 버리게 되므로 대축괘 다음에 둠.
괘 덕	頤괘는 턱의 상이므로 말이나 음식물을 조심해야 한다. 사업으로 치면 상하가 힘을 합해 잘 이끌어 가는데, 중간에 방해자가 나타나 이간질하는 것을 조심해야 한다. 木에 속한다. 음력 8월 괘다. 동과 동북방에 근거를 둠.
寶 鑑	"한국이 세계 일류국가로 나아가기 위해서는 갈등의 에너지를 화합의 에너지로 전환시키는 것이 무엇보다 중요하다고 강조했다. 노사,정당간 갈등에서 발생하는 치열한 에너지를 세계를 공략하는데 쓴다면 한국은 지금보다 훨씬 발전할 수 있을 것"이라고 말했다.(리콴유, 고려대 특별강연에서:2006. 5. 19)

(28) 택풍대과

괘 명	澤風大過 ䷛
괘 상	兌金이 위에 있고 巽木이 아래에 있어 澤風의 象. 못이 넘쳐서 나무를 멸하는 상이다. 서방의 물질문화가 동방의 정신문화를 멸식하니 괘명이 대과다. 근본과 끝이 약하니 집의 기둥이 흔들리는 격이다.
괘 서	힘이 나니까 나중에는 대과가 되어서 크게 지나치므로 산뢰이괘 다음에 둠.
괘 덕	물질적으로 풍부하여 기쁨이 많은 때이다. 지위적으로도 높이 승진하여 사람을 많이 거느리고 큰일을 할 때이나, 자칫 방종과 과신으로 인한 실수가 우려된다. 깊이 생각한 후에 움직여라. 木에 속한다. 음력 2월 괘다. 동남과 서쪽에 근거를 둠.
寶 鑑	두바이 지도자 세이크 모하메드는 절대군주이면서도 "내 의견에 동의만하는 사람은 좋아하지 않는다. 그런 사람은 속으로 날 존경하지 않는다. 나더러 '잘못했다'고 지적하는 사람을 사랑한다. 진정으로 나와 국가를 걱정하기 때문이다." 라고 했다. 그러면서 그는 늘 "우리 국민은 '1+1=2'가 아니라 '1+1=11'을 만들자"고 외쳤다고 한다.(세이크 모하메드, 두바이 기적의 리더쉽 책 중에서)

(29) 중수감

괘 명	重 水 坎 ䷜
괘 상	위와 아래 모두 물(坎)이 중첩한 象. 물이 거듭 이르는 상이다. 계속 험하므로 괘명이 감이다.
괘 서	힘만 믿고 계속 지나치지만 결국은 다 지나치지 못하고 빠지게 되므로 대과괘 다음에 둠.
괘 덕	4大難卦 중의 하나로 흉운이다. 새로운 사업이나 확장은 금물이다. 학문이나 종교에 마음을 두고, 술이나 여자를 삼가라. 水에 속한다. 음력 11월 괘다. 북방에 근거를 두고 있다.
寶 鑑	기업은 규모가 작을 때에는 개인의 것이지만 규모가 커지면 종업원 공통의 것이요, 나아가 사회, 국가의 것이라고 생각해야 한다. 경영자는 국가, 사회로부터 기업을 수탁해서 관리하는 청지기일 뿐이다. (정주영, '시련은 있어도 실패는 없다' 중에서)

(30) 중화리

괘 명	重 火 離 ䷝
괘 상	위, 아래에 모두 불(離)이 중첩된 象. 위, 아래에 모두 불(離)이 중첩된 象. 밝은 것이 두 개 있는 상이다. 그러므로 괘명이 리다. 하늘에 걸려 있는 것은 일월성신이요, 땅에 걸려 있는 것은 산천초목이다.
괘 서	험한데 빠지다 보니 마침내 걸리게 되니 감괘 다음에 둠.
괘 덕	자신의 영리함과 처해 있는 상황이 화려함만을 믿고 일을 무리하게 강행하면 여러 가지 손실이 우려된다. 문서나 옥에 갇히는 일 등을 조심해야 한다. 火에 속한다. 음력 4월 괘다. 남쪽에 근거를 두고 있다.
寶 鑑	부실경영은 범죄와 다름없다. 만약 삼성의 경영이 잘못되어 공장이 몇 개만이라도 조업을 단축하거나 중단하게 된다면 그만큼 많은 사람들로부터 취업의 기회를 빼앗고 그들의 생계를 위협하는 것이나 다름없다. (이병철과의 대화 중에서)

2. 대성괘(하경: 31-64괘) 종합분석

(31) 택산함

괘 명	澤山咸
괘 상	兌澤이 위에 있고 艮山이 아래에 있는 澤山의 象. 산과 못이 기운을 통하니 소남과 소녀가 서로 느껴서 함께하는 뜻으로 괘명이 함이 된다.
괘 서	남녀가 만나 부부가 되어 가정을 이루니 함괘로 함.
괘 덕	남녀뿐만 아니라 정치·교육 모든 문제에 서로가 마음을 비우고 대한다. 또한 호괘로 천풍구가 되니 만나는 뜻이 들어 있다. 金에 속한다. 음력 1월 괘다. 동북과 서남에 근거를 두고 있다.
寶鑑	인(仁)이란 자신을 극복하고 예의에 진정으로 보답할 줄 아는 것이다. 자신을 극복하지 못하는 것은 물욕에 너무 집착한 나머지 시야가 흐려져 자기 자신에 대해 정확히 알지 못하기 때문이다.(강희대제)

(32) 뇌풍항

괘 명	雷風恒
괘 상	陰木이 아래로 뿌리를 내리고 陽木이 위로 뻗어나가는 雷風의 象, 우레와 바람이 서로 도우니 장남과 장녀가 부부로써 백년해로 하고 종신불변하는 상이다. 부부의 도는 항구해야 하므로 괘명이 항이다.
괘 서	영원토록 일심동체로 살아야 한다고 해서 항구하다는 항괘를 함괘 다음에 둠.
괘 덕	항구한 마음은 매사에 통하고 바르게 되며, 일관성 있게 일을 추진해 나간다. 木에 속한다. 음력 1월 괘다. 동남과 동방에 근거를 두고 있다.
寶鑑	스승의 10년 가르침보다 어머니 뱃속의 10개월이 낫다.(태교신기)

(33) 천산돈

괘 명	天山遯 ☰☷
괘 상	乾天이 위에 있고 艮山이 아래에 있는 象.乾天이 위에 있고 艮山이 아래에 있는 天山의 象. 하늘 아래에 산이 있는 상이다. 산이 높아 하늘을 능멸하는 모습이지만 하늘은 그저 원대해서 저 멀리 떨어져 있다. 그러므로 물러난다는 뜻으로 괘명이 돈이다.
괘 서	항구한 것이 늘 항구한 것만은 아니므로, 그 항구한 자리가 물러날 때가 있다고 해서 항괘 다음에 둠.
괘 덕	이름(명예)을 피하는 것은 자기를 겸손히 하는 것이고, 위태한 것을 피하는 것은 자신을 보호하는 것이니, 훗날 재기를 위한 덕이 되고 지혜가 된다. 金에 속한다. 음력 6월 괘다. 동북과 서북방에 근거를 두고 있다.
寶 鑑	황금이 바구니에 가득 차 있다 해도 자식에게 경서(주역 등) 한 권을 가르치는 것만 못하고, 자식에게 천금을 물려준다 해도 한 가지 재주를 가르치는 것만 못하다.(漢書)

(34) 뇌천대장

괘 명	雷天大壯 ☳☰
괘 상	震雷가 위에 있고 乾天이 아래에 있는 雷天의 象. 우레가 하늘 위에 있으니 소리와 움직임이 장대하다. 그러므로 괘명이 대장이다.
괘 서	물러나 있다고 해서 끝까지 은둔해 있는 것만은 아니므로 돈괘 다음에 둠.
괘 덕	군자는 예가 아닌 것은 하지 않고, 정대하게 나아간다. 土에 속한다. 음력 2월 괘다. 동쪽과 서북방에 근거를 두고 있다.
寶 鑑	케네디 대통령은 1961년 1월 20일 취임연설에서 국민에게 "조국이 여러분을 위해 무엇을 할 수 있을 것인지 묻지 말고, 여러분이 조국을 위해 무엇을 할 수 있는지 자문해 보십시오"라고 역설했습니다.

(35) 화지진

괘 명	火 地 晉 ䷢
괘 상	**離火**가 위에 있고 **坤地**가 아래에 있는 **火地**의 **象**. 밝은 것이 땅 위에 솟아 오르니 세상에 나아가는 상이다. 그러므로 괘명이 진이다.
괘 서	힘이 장대해지면 그 장한 것은 반드시 앞으로 나아가기 때문에 대장괘 다음에 둠.
괘 덕	관직에 있는 자는 융숭한 포상을 받고, 학문을 하는 자는 많은 지식을 쌓는다. 날이 새고 해가 뜨니 문밖을 나가 활동하여 많은 소득이 있다. 입신출세하는 괘요, 태평을 구하는 괘다. 金에 속한다. 음력 2월 괘다. 남과 서남방에 근거를 두고 있다.
寶 鑑	해불양수(海不讓水) : 바다는 작은 물, 큰 물을 가리지 않고 더러운 물, 깨끗한 물이나 어떠 물이든 사양하지 않는다.(관자)

(36) 지화명이

괘 명	地 火 明 夷 ䷣
괘 상	**坤地**가 위에 있고 **離火**가 아래에 있는 **地火**의 **象**. 밝은 것이 땅속으로 들어갔으니 밝음이 상한 모습이다. 그러므로 괘명이 명이다.
괘 서	앞으로 나아가다 보면 다치는 경우가 생기므로 진괘 다음에 둠.
괘 덕	자신이 갖고 있는 재물이나 지혜를 잘 감추어 두는 것이 재난을 막는 길이다. 水에 속한다. 음력 8월 괘다. 남방이나 서남방에 근거를 두고 있다.
寶 鑑	질병은 입으로 들어가고, 화근은 입으로부터 나온다(口是招禍之門) : 태평어람

(37) 풍화가인

괘 명	風火家人 ䷤
괘 상	巽風이 위에 있고 離火가 아래에 있는 風火의 象. 바람이 불로부터 생기는 상이다. 모든 풍화는 안에서부터 일어나는 법이니 일가부터 다스려서 세상을 교화하는 것이다. 그러므로 괘명이 가인이다.
괘 서	밖에서 다치면 집으로 들어와야 하니, 명이괘 다음에 둠.
괘 덕	새로운 사업보다는 구업을 지키며, 앞장서 하기 보다는 뒤에서 잘 따르며 화합을 우선으로 해야 한다. 木에 속한다. 음력 6월 괘다. 동남방 또는 남방에 근거를 두고 있다.
寶 鑑	도(道)는 자율과 능동으로 살아가는 삶의 방식이며, 덕(德)은 타인과의 관계에서의 배려와 존중이다.(노자)

(38) 화택규

괘 명	火澤睽 ䷥
괘 상	위에는 離虛中 불괘이고 아래는 兌上絶 못괘니 火澤의 象. 오르는 것은 불이고 내려가는 것은 못물이다. 두 여자가 동거하지만 뜻을 달리한다. 그러므로 괘명이 규다.
괘 서	가도(家道)가 궁하면 반드시 어긋나므로 가인괘 다음에 둠.
괘 덕	각자의 처지는 다르지만 한 가지로 더불 때는 같이 하고, 더불되 그릇된 것은 따르지 않는 처세를 때에 따라 잘 살펴서 하여야 한다. 土에 속한다. 음력 2월 괘다. 남에 근거를 두고 있다.
寶 鑑	약하면서도 복종하지 않는 자는 갈수록 굴복하게 되고, 이기고자 하는 마음이 조급한 사람은 갈수록 망하게 된다. (바둑의 고전, 난가경)

(39) 수산건

괘 명	水 山 蹇 ䷦
괘 상	坎水가 위에 있고 艮山이 아래에 있는 水山의 象. 산 위에 물이 흐르므로 그 세가 여리고 약하다. 작은 장애를 만나도 흐르지를 못하니, 그러므로 잘 걷지 못한다는 뜻으로 괘명이 건이다.
괘 서	어긋나면 반드시 어려움이 있으므로 규괘 다음에 놓음.
괘 덕	어려움이 계속해서 겹치는 운으로 이성과 지혜를 모아 현상유지를 하도록 노력해야 한다. 金에 속한다. 음력 8월 괘다. 동북은 불리하고 서남은 이롭다.
寶 鑑	어떤 사람이 찾아와 나에게 운수를 물으며 "어떠한 것이 재앙이고 복입니까?"하니, 내가 "남을 해롭게 하면 이것이 재앙이요, 남이 나를 해롭게 하면 이것이 복이다"라고 하였다.(소강절)

(40) 뇌수해

괘 명	雷 水 解 ䷧
괘 상	震雷가 위에 있고 坎水가 아래에 있는 雷水의 象. 우레는 땅 위에서 올라오고 물은 하늘에서 내려오니 천지음양이 사귀어서 세상이 해빙이 되고 뇌우가 일어나서 백과초목이 갑탁하는 상이다. 그러므로 풀어지는 뜻으로 괘명이 해이다.
괘 서	작게나 크게나 풀린다는 解괘를 蹇괘 다음에 둠.
괘 덕	험하고 어려운 과정이 모두 풀린다는 뜻의 解다. 그러나 무사안일은 금물이다. 木에 속한다. 음력 12월 괘다. 북과 동방에 근거를 두고 있다.
寶 鑑	빈곤을 만드는 것은 신이 아니라 인간이다. 우리가 서로 나누지 않기 때문이다. (테레사 수녀)

(41) 산택손

괘 명	山澤損 ䷨
괘 상	艮山이 위에 있고 兌澤이 아래에 있는 山澤의 象. 산 아래에 못이 있으니 못의 기운이 올라 산을 윤택하게 하는 상이다. 아래를 덜어서 위를 보태므로 괘명이 손이다. 지나친 것은 덜어야 하니 손이 곧 익이 되는 이치다.
괘 서	느슨해지면 반드시 잃는 바가 있으니 해괘 다음에 둠.
괘 덕	현재는 손해를 보고 고통이 많더라도 나중에는 좋게 되니 끈기 있는 노력이 필요하다. 土에 속한다. 음력 7월에 일이 많다. 동북과 서에 근거를 두고 있다.
寶 鑑	무재칠시(無財七施) : 재물이 없어도 베풀 수 있는 7가지 보시. 칭찬해주기, 경청하기, 환하게 웃어주기……(佛經)

(42) 풍뢰익

괘 명	風雷益 ䷩
괘 상	巽風이 위에 있고 震雷가 아래에 있는 風雷의 象. 뇌풍이 상박하므로 만물이 유익함을 얻는 상이다. 그러므로 유익하다는 뜻으로 괘명이 익이다. 위를 덜어서 아래를 유익케함을 익이라 한다.
괘 서	손해를 마지 않으면 반드시 유익하게 되니 손괘 다음에 둠.
괘 덕	불의의 재난이나 주변 인물의 변심 등을 조심하여야 한다. 木에 속한다. 음력 7월 괘다. 동과 동남방에 근거를 두고 있다.
寶 鑑	인생을 살며 진정한 친구 한 명만 있으면 큰 부자가 부럽지 않다. 진정한 친구란 어렵고 급한 일을 당했을 때 능동적으로 도와주는 친구가 진정한 친구이다. (옹정황제)

(43) 택천쾌

괘 명	澤 天 夬 ䷪
괘 상	위에는 兌上絶 못괘이고 아래는 乾三連 하늘 괘니 天澤의 象. 못이 하늘 보다 위에 있으니 수기를 머금은 구름의 상이다. 흘려서 아래로 보내야 한다. 그러므로 결단하다는 뜻으로 괘명이 쾌다.
괘 서	너무 이익만 추구해 나가다 보면, 결국 결단을 당하는 때가 있으므로 익괘 다음에 둠.
괘 덕	결단할 것은 결단하라. 악의 뿌리는 뽑아야 후환이 없다. 상대의 죄상을 폭로하고 자신의 억울함을 호소한다. 그러나 보복을 삼가고 관용을 베풀어라. 土에 속한다. 음력 3월 괘다. 서방과 서북방이 관계 있다.
寶 鑑	사람을 쓰는데 원한관계나 친인척을 가리지 않는다.(한비자) 국민을 잘 살게 하는 것이라면 이편 저편을 가리지 않고 상대방과 적까지도 감싸 안아 인재를 등용하여 국민을 위한 것이 진정한 정치권의 할 일이 아닌가?

(44) 천풍구

괘 명	天 風 姤 ䷫
괘 상	天이 위에 있고 바람이 아래에 있으니 天風의 象. 하늘 아래에 바람이 부니 만나지 않는 곳이 없다. 그러므로 만나다의 뜻으로 괘명이 구다.
괘 서	결단함에는 반드시 만나는 바가 있으니 夬괘 다음에 둠.
괘 덕	원치도 않는 일에 주의하라. 경쟁자가 많아 일을 진행시키기가 어려우나, 그렇다고 수단방법을 가리지 않으면 주변의 걱정하는 말을 듣는다. 작은 일은 이루어지나 큰일은 성사되기 어렵다. 金에 속한다. 음력 5월 괘다. 동남과 서북방에 근거를 두고 있다.
寶 鑑	거인의 어깨 위에 올라 앉은 난쟁이는 거인보다 더 멀리 볼 수 있다.(로마의 철학자, 마르쿠스 루카누스)

(45) 택지취

괘 명	澤地萃 ䷬
괘 상	위는 못이요 아래는 땅이니 澤地의 象. 못이 땅보다 위에 있으니 물이 모여서 점차 위로 올라오는 상이다. 그러므로 모인다는 뜻으로 괘명이 취다.
괘 서	만나면 모일 수밖에 없으므로 구괘 다음에 놓음.
괘 덕	사리사욕을 억제하고, 구설이나 논쟁을 피하며, 성심성의로 나가면 크게 성공한다. 金에 속한다. 음력 6월 괘다. 서와 서남방에 관계가 있다.
寶鑑	스스로 자존심을 세우지 않으면 갈등이 없어지고, 재물을 초개처럼 여기면 물욕이 사라지고, 세상의 현란함을 보지 않으면 마음이 잔잔해진다.(노자)

(46) 지풍승

괘 명	地風升 ䷭
괘 상	위는 坤三絶 아래는 巽下絶 바람 괘이니 地風의 象. 땅 속에 나무가 생하니 나무가 땅속에 뿌리를 내린 뒤에 자란다. 그러므로 오른다는 뜻으로 괘명이 승이다.
괘 서	취로 모이니까 위로 자꾸 쌓아 올라가므로 오른다는 승괘를 취괘 다음에 둠.
괘 덕	새로이 일을 계획하고 사업을 적극적으로 벌이는 것이 좋다. 자신의 능력발휘는 물론 손윗사람의 도움을 얻어 일을 성사할 수 있는 좋은 시기이다. 木에 속한다. 음력 8월 괘다. 동남과 서남에 근거를 두고 있다.
寶鑑	옳은 말 만 마디보다 한 번의 침묵이 중요하다.(옹정황제)

(47) 택수곤

괘 명	澤水困 ䷮
괘 상	위는 兌上絶 아래는 坎中連 물괘이니 澤水의 象. 못에 물이 없으니 나무가 곤궁한 상이다. 그러므로 곤궁하다는 뜻으로 괘명이 곤이다.
괘 서	나뭇가지는 뻗어야 하는데 가지를 뻗지 못하는 것이 곤이므로 승괘 다음에 둠.
괘 덕	이 괘는 화분에 심은 나무격으로 혼자서는 살아갈 수 없고 주변의 도움이 있어야 한다. 따라서 은인 자중하여 힘을 기르면서 사람과 때를 기다리면 의외의 길운이 올 수 있다. 金에 속한다. 음력 5월 괘다. 북과 서방에 근거를 두고 있다.
寶 鑑	장점은 취하고 단점은 버려라. 장님과 절름발이 두 사람이 각자 갈 수 없었던 먼 길을 서로의 장점을 취해 장님이 절름발이를 들쳐 업고 갈 수 있었다는 고사가 있다.(귀곡자)

(48) 수풍정

괘 명	水風井 ䷯
괘 상	위는 坎中連 아래는 巽下絶 바람괘니 水風의 象. 두레박 위에 물이 담겨 있는 상이다. 그러므로 우물의 물을 긷는 뜻으로 괘명이 정이다.
괘 서	땅 밑바닥에서 물이 나게 되어 물을 먹게 되었다는 정괘를 곤괘 다음에 둠.
괘 덕	목적을 위해 중도에 폐하지 말고 끝까지 노력한다. 정치나 사업 등 모든 일에, 그 방법은 변동하더라도 본체는 바꾸지 않는다. 木에 속한다. 음력 3월 괘다. 동남과 북방에 근거를 두고 있다.
寶 鑑	아는 것은 좋아하는 것만 못하고, 좋아하는 것은 즐기는 것만 못하다.(논어) 바보는 천재를 이기지 못하고, 천재는 노력하는 자를 이기지 못하고, 노력하는 자는 즐기는 자를 이기지 못한다.

(49) 택화혁

괘 명	澤火革 ䷰
괘 상	위는 兌上絶 못괘이고 아래는 離虛中 불괘이니 澤火의 象. 못 속에 불이 있는 상이다. 못의 물이 불로 인해서 뜨거워지니 변혁의 상이다. 상극이면서 서로 쓰임이 되니 변혁의 뜻으로 괘명이 혁이다.
괘 서	우물을 치고, 우물을 고치는 것이므로 정괘 다음에 둠.
괘 덕	새 마음 새 뜻으로 바꾸자는 것이니, 치밀한 계획과 주변 사람과의 협조 그리고 꾸준한 추진력으로 행해 나가면 크게 발달하고 번영한다. 水에 속한다. 음력 2월 괘다. 남과 서방에 근거를 둠.
寶 鑑	인간은 패배하였을 때 끝나는 것이 아니다. 포기했을 때 끝나는 것이다(닉슨)

(50) 화풍정

괘 명	火風鼎 ䷱
괘 상	위는 離虛中 불괘, 아래는 巽下絶 바람 괘니 火風의 象. 위는 離虛中 불괘이고 아래는 巽下絶 바람 괘니 火風의 象. 나무 위에 불이 있는 상이다. 괘상자체가 솥을 형상하였으니 초효는 솥다리, 2·3·4효는 솥안의 내용물, 5효는 솥귀, 6효는 솥고리가 된다. 솥에 쌀을 넣고 불을 지피는 모습이므로 괘명이 정이다.
괘 서	물건을 고치는 것은 솥이 제일이라는 의미에서 고친다는 혁괘 다음에 둠.
괘 덕	장사를 하는 것에 비유하면 취급품목이나 거래처만 바꾸어 보다 안전하고 실속 있게 이익을 추구한다. 그러나 자신만 이득을 보려 하지 말고 상대방의 이득도 배려해야 잘 된다. 火에 속한다. 음력 12월 괘다. 남과 동남방에 근거를 두고 있다.
寶 鑑	진인사대천명(盡人事待天命) : 사람이 할 수 있는 일을 다 하고서 하늘의 뜻을 기다림(삼국지)

(51) 중뢰진

괘 명	重雷震 ䷲
괘 상	위·아래가 모두 우뢰(震)인 상. 우레소리 거듭 들려오는 상이다. 우레소리는 벽사의 위력이 있으며 사람으로 하여금 두렵게 하고 선으로 향하게 만든다. 그러므로 괘명이 진이다.
괘 서	솥이라는 중요한 그릇은 장남만한 이가 없기에 장남인 진괘를 정괘 다음에 둠.
괘 덕	분발해서 적극적으로 움직이는 때이나 잘못 급히 움직여 실패할 수가 있으니 조심해야 한다. 木에 속한다. 음력 10월 괘다. 동방에 근거를 두고 있다.
寶 鑑	같은 물이라도 소가 마시면 우유가 되고 뱀이 마시면 독이 되듯이, 선한 것을 보면 스승으로 삼고 악한 것을 보면 반면교사로 삼아야 한다.(초발심자경문)

(52) 중산간

괘 명	重山艮 ䷳
괘 상	위·아래가 모두 산(艮)인 상위·아래가 모두 산(艮)인 상. 산을 겸한 상이다. 산체는 고요해서 그쳐 있으므로 그치는 뜻으로 괘명이 간이다.
괘 서	물건이 끝내 동하지만은 않기에 그친다는 간괘를 진괘 다음에 둠.
괘 덕	수도자에게는 길한 괘이지만 일반사회인에게는 지체되어 막히는 운의 괘다. 그러나 점차 좋아지는 뜻이 있으니 서서히 진출 기회를 기다리되 한 가지 일에만 전념하라. 土에 속한다. 음력 4월 괘다. 동북방에 근거를 두고 있다.
寶 鑑	옥의 진위를 가늠하려면 3일을 불태워야 하며, 재주를 알려면 10년은 지켜보아야 한다. (삼국연의)

(53) 풍산점

괘 명	風山漸 ䷴
괘 상	위는 巽下絶 바람괘이고 아래는 艮上連 산괘이니 風山의 象. 산 위에 나무가 있으니 나무가 자라는 모습이 점진적이다. 그러므로 점진한다는 뜻으로 괘명이 점이다.
괘 서	간으로 끝까지 그치고만 있으면 안 되므로 점진한다는 점괘를 간괘 다음에 둠.
괘 덕	예정보다 늦어지더라도 근심치 말고 끈기 있게 노력하면 성공한다. 이성문제 특히 혼사에 있어서는 예의에 어긋나지 않도록 정도를 따라야 한다. 土에 속한다. 음력 1월 괘다. 동북과 동남에 근거를 두고 있다.
寶 鑑	호사유피 인사유명(虎死有皮 人死有名) : 호랑이는 죽어서 가죽을 남기고, 사람은 죽어서 이름을 남긴다.(속담)

(54) 뇌택귀매

괘 명	雷澤歸妹 ䷵
괘 상	아래는 兌上絶 못괘이고 위는 辰下連 우뢰괘니 雷澤의 象. 못 위에 우레가 있으니 못이 우레를 따라서 발동하는 상이다. 소녀가 장남을 따라가는 상이므로 누이동생을 시집보낸다는 뜻으로 괘명이 귀매이다. 귀는 시집간다는 뜻.
괘 서	나아간 것은 반드시 되돌아 갈 바가 있게 되는 귀매괘를 점괘 다음에 둠
괘 덕	귀매는 남녀의 만남이나 후취, 첩 등으로 가는 것으로 해석된다. 金에 속한다. 음력 7월 괘다. 서와 동방에 근거를 두고 있다.
寶 鑑	대장부로 태어났으면 세상에 아름다운 이름을 남겨야 한다.(노자)

(55) 뇌화풍

괘 명	雷火豐 ䷶
괘 상	아래는 離虛中 불괘이고 위에는 辰下連 우뢰괘이니 雷火의 象. 우레와 번개가 함께 이르는 상이다. 우레는 위력을 보이는 상이고 번개는 밝게 살피는 상이니 이 두 가지를 함께 해야만 천하를 복종시키고 풍대한 도를 이룰 수 있다. 그러므로 풍대하다는 뜻으로 괘명이 풍이다.
괘 서	모든 게 돌아가면 풍부해지기 때문에 풍괘를 귀매괘 다음에 둠.
괘 덕	불의의 재난이나 구설을 조심해야 한다. 일이 많이 생기는 때이므로 목전의 일부터 빨리 처리해야 한다. 水에 속한다. 음력 9월 괘다. 동과 남방에 근거를 두고 있다.
寶 鑑	청나라 강희대제가 두 황자 중에 누가 더 적임자인지를 물었을 때 방포 대신은 '성손(聖孫)을 보시옵소서! 훌륭한 아들과 그의 뛰어난 아들, 이는 대청의 삼대를 번영창성의 길로 이끌어 갈 것이옵니다'라고 했다.

(56) 화산려

괘 명	火山旅 ䷷
괘 상	아래는 艮上連 산괘이고 위에는 離虛中 불괘이니 火山의 象. 산 위에 불이 있는 상이다. 인생은 나그네와 같으니 내괘의 간은 여관집과 같고 외괘의 리는 세상을 밝게 사는 모습이다. 그러므로 나그네의 뜻으로 괘명이 려다.
괘 서	풍대하게 많은 것을 가지고 있는 자는 반드시 그 크게 거처함을 잃는다는 것이다. 그래서 떠난다는 나그네 괘를 풍괘 다음에 둠.
괘 덕	만사가 뜻대로 되지 않으니 현상유지를 제일목표로 하여 신규사업이나 확장 등 분수 외의 욕심은 부리지 말아야 한다. 火에 속한다. 음력 5월 괘다. 동북과 남방에 근거를 두고 있다.
寶 鑑	적선지가 필유여경(積善之家 必有餘慶) : 선을 쌓은 집안에는 반드시 경사가 있게 된다.(周易)

(57) 중풍손

괘 명	重風巽 ䷸
괘 상	위·아래가 바람(巽)인 상. 물건이 움직이면 따라가는 것이 바람이다. 거듭 따르는 것은 곧 공손한 모습이므로 공손한 뜻으로 괘명이 손이다.
괘 서	계속 떠돌아 다니기만 하면 안 되고, 결국은 돌아가야 하니 들어간다는 손괘를 여괘 다음에 둠.
괘 덕	돌발사태나 사업 변경수가 있으니 도난을 경계하고 새로운 일에 대비해야 한다. 木에 속한다. 음력 4월 괘다. 동남방 괘다.
寶 鑑	천시(天時)는 지리(地利)만 못하고, 지리는 인화(人和)만 못하다.(맹자)

(58) 중택태

괘 명	重澤兌 ䷹
괘 상	위·아래가 거듭 못인 상. 택은 즐거운 뜻이니 두 개의 못이 서로 걸려 있는 상이다. 그러므로 거듭 즐거워하는 뜻으로 괘명이 태다.
괘 서	떠돌다가 들어가니까 자연 기뻐지더라 해서 기쁘다는 태괘를 손괘 다음에 둠.
괘 덕	지금 하는 일보다 더 크게 일을 벌이고 싶으나 힘이 부족하여 포기하며 아쉬움에 젖는다. 이성문제에 절제를 요한다. 金에 속한다. 음력 10월 괘다. 서방에 근거를 두고 있다.
寶 鑑	하늘이 장차 어떤 사람에게 대임을 맡기려면 반드시 먼저 육신을 수고롭게 한다. 이렇게 해서 그 능하지 못한 것을 더하여 준다.(맹자)

(59) 풍수환

괘 명	風 水 渙 ䷺
괘 상	아래는 坎中連 물괘이고 위에는 巽下絶 바람괘니 風水의 象. 바람이 물 위를 행하니 물이 사방으로 흩어진다. 마치 사람의 정신이 흩어지는 것과 같다. 그러므로 흩어지다는 뜻으로 괘명이 환이다.
괘 서	태는 너무 기뻐하니까 흩어지므로 흩어진다는 환괘를 태괘 다음에 둠.
괘 덕	좋지 않거나 뜻대로 되지 않는 일은 풀리게 되지만 반대로 긴장이 풀려 기강이 해이해지고 결속력이 약해지는 때이기도 하다. 火에 속한다. 음력 3월 괘다. 북과 동남방에 근거를 두고 있다.
寶 鑑	기업가의 책임은 끊임없이 새로운 사업의 확장을 위해 노력하고, 직원들을 많이 고용해서 그들로 하여금 일할 수 있게 하는 것이다.(중국 거상 호설암어록 중에서)

(60) 수택절

괘 명	水 澤 節 ䷻
괘 상	아래는 兌上絶 못괘이고 위에는 坎中連 물괘이니 水澤의 象, 못 위에 물이 가득 담겨 있으니 절제의 뜻이 있다. 지나침을 절제해서 중으로 나아가니 예와 합한다. 그러므로 절제의 뜻으로 괘명이 절이다.
괘 서	물건이 가히 써 끝내 흩어지지만은 않는 것이니, 절괘를 환괘 다음에 둠.
괘 덕	현재는 어렵고 힘들더라도 단계를 밟아가며 처리해 나가면 점진적으로 성공의 운이 다가온다. 水에 속한다. 음력 11월 괘다. 서와 북방에 근거를 두고 있다.
寶 鑑	손자병법에 "상하가 같은 욕심을 가지면 반드시 이긴다"는 말이 있다. 이 말을 기업에 적용하면 경영진과 직원들 사이의 단결을 의미한다고 할 수 있다. 이는 직원들이 자신의 이익과 미래를 기업의 발전으로 긴밀하게 연결시킬 때에만 가능한 일이다. (상경 호설암어록 중에서)

(61) 풍택중부

괘 명	風澤中孚 ䷼
괘 상	아래는 兌上絶 못괘이고 위에는 巽下絶 바람괘니 風澤의 象. 못 위에 바람이 부는 상이다. 바람이 조금만 불어도 못의 물이 그대로 움직인다. 바람은 입하는 성질이 있고 못은 비워서 받아들일 수 있다. 그러므로 마음속으로 정성을 들이는 뜻으로 괘명이 중부다.
괘 서	절도 있게 모든 일을 잘 하니까 믿음이 생기므로 중심에서 믿는다는 중부괘로 절괘 다음에 둠.
괘 덕	자기 자신을 너무 고집하지 말고 또 현실을 있는 그대로 받아 들이면서 오직 성실로써 나아가면 모든 일이 순조로운 운이다. 土에 속한다. 음력 8월 괘다. 서와 동남방에 근거하고 있다.
寶 鑑	인사가 만사 : 유능한 간부는 어느 조직에서도 중요한 요소이다. 유능한 간부의 임명이 바로 인사정책이다. 요즘 자주 말해지는 인사가 만사인 것이다. 적재적소에 알맞은 간부들을 배치하고 등용하는 일은 지금도 기업이나 국가에서 중요한 일이다.(손자병법과 21세기)

(62) 뇌산소과

괘 명	雷山小過 ䷽
괘 상	아래는 艮上蓮 산괘이고 위에는 辰下連 우뢰괘이니 雷山의 象. 산 위에 우레가 있으니 그친 자리에 움직임을 말한 것이다. 그러므로 조금 움직인다 뜻으로 괘명이 소과다.
괘 서	믿음을 가졌기 때문에 떳떳하게 가게 되어 조금씩 지나갈 바가 있다고 해서 중부괘 다음에 둠.
괘 덕	이제 막 날개 짓을 배운 새가 너무 높이 날다 자신의 집을 찾지 못해 방황하는 격이니, 과욕은 금물이다. 노고는 많고 공은 적은 운이다. 金에 속한다. 음력 2월 괘다. 동과 동북방에 근거하고 있다.
寶 鑑	인재란 우선 안목을 갖추고 있어야 한다. 안목이 있다는 것은 풍부한 경험과 지식을 통해 상황을 정확하게 파악하고, 일단 기회를 잡으면 신속하게 결단을 내릴 수 있는 능력을 의미한다. (중국인의 경영정신이 된 최고의 경전, 商經 중에서)

(63) 수화기제

괘 명	水火旣濟 ☲☵
괘 상	아래는 **離虛中** 불괘이고 위에는 **坎中連** 물괘이니 **水火**의 **象**. 물이 불 위에 있으니 물은 아래로 내려오고 불은 위로 올라가서 서로 사귀는 상이다. 그러므로 괘명이 기제니 기제는 다 이루어졌다는 뜻이다. 64괘 중에 기제괘만이 6효 모두 정위를 얻었다.
괘 서	한 발짝씩 가다 보면 저기 있는 물도 건너게 되어 목적지를 가게 된다. 그래서 기제를 소과괘 다음에 둠.
괘 덕	잘못되는 있으면 초기에 전력을 다해서 방비하여야 한다. 현재 하고 있는 일이 가장 좋은 일이니 이것을 유지하도록 모든 힘을 다해야 한다. 水에 속한다. 음력 1월 괘다. 북과 남방에 근거를 두고 있다.
寶 鑑	인재의 활용은 반드시 전문지식과 장점을 살려야 한다. 협객에게 보검을 던져버리고, 호미를 들라 한다면 농부만 못할 수밖에 없다. 이처럼 사람이 장점을 던져버리고 단점을 취하게 된다면 요순 같은 성인이라 할지라도 아무것도 못할 것이다.(商經)

(64) 화수미제

괘 명	火水未濟 ☵☲
괘 상	아래는 **坎中連** 물괘이고 위에는 **離虛中** 불괘이니 **火水**의 **象**. 불이 물 위에 있으니 물과 불이 사귀지 못하는 상이다. 그러므로 괘명이 미제니, 미제는 아직 이루지 못했다는 뜻이다. 64괘 중 미제만이 정위를 얻지 못했다
괘 서	물 건너 가히 기제되어 끝나는 것은 아니므로 다시 시작해서 또 미제로 나가므로 미제괘를 기제괘 다음에 둠.
괘 덕	처음에는 지위나 시기가 좋지 못한 처지이고 고통도 많으며 좌절하기도 쉽지만 창창한 앞길을 인내와 노력으로써 행복을 추구하면 형통하게 된다. 희망을 가져라. 火에 속한다. 음력 7월 괘다. 북과 남방에 근거를 두고 있다.
寶 鑑	인재의 용인술은 사람의 성품과 능력을 정확히 판단해야 하는 평가의 문제, 경영자가 자신의 안목을 믿고 선택된 인재들에게 적절한 일을 맡기는 업무배정의 문제, 그리고 인재들이 자신의 능력을 최대한 발휘할 수 있도록 격려하고 유도하는 관리의 문제이다.(商經)

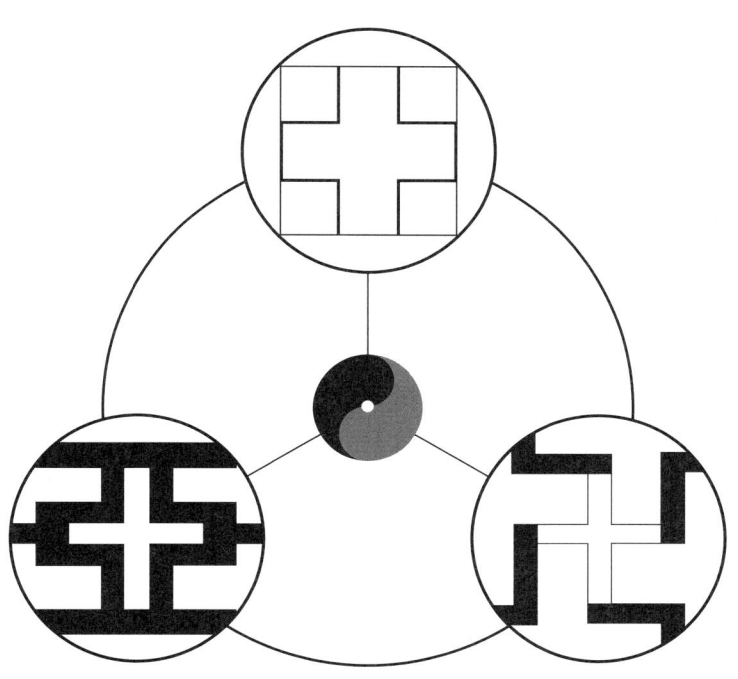

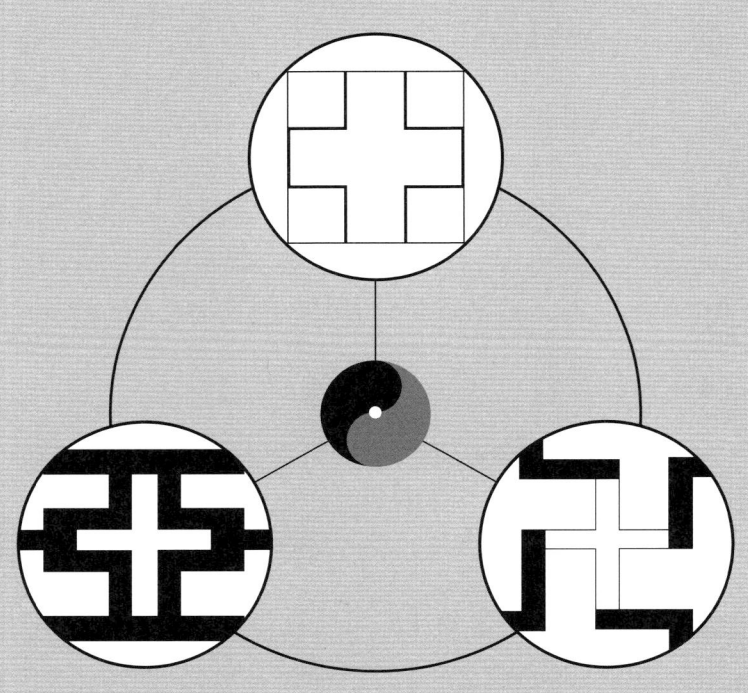

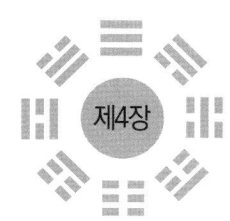

제4장 주역(周易) 묘용(妙用)은 점(占)

1. 설시(揲蓍) 준비

   o 시초점은 그 묻는 바에 대해 정성된 마음으로 한 번만 칠 것.
      나쁜 괘가 나왔다고 해서 같은 물음에 두 번 치는 것은 금물.
   o 정당한 것을 물어야 하며 사악한 것을 묻는 일은 금할 것.
   o 天干이 己日에는 점을 치지 않는다.(소강절선생의 기일)
   o 향을 피운 다음 아래 경전을 암송한 후 설시 한다.

2. 독송 경전

(1) 行神文(계사 상전 제9장)

   天一地二天三地四天五地六天七地八天九地十이니
   천일지이천삼지사천오지육천칠지팔천구지십

   天數五요 地數五니 五位相得하며 而各有合이니
   천수오   지수오   오위상득   이각유합

   天數二十有五요 地數三十이라
   천수이십유오   지수삼십

   凡天地之數 五十有五니 此 所以成變化하며 而行鬼神也라.
   범천지지수 오십유오   차 소이성변화   이행귀신야

77

(2) 妙神文(설괘전 제6장

   神也者는 妙萬物而爲言者也니
   신야자   묘만물이위언자야

   動萬物者 莫疾乎雷하고 橈萬物者 莫疾乎風하고
   동만물자 막질호뢰   요만물자 막질호풍

   燥萬物者 莫熯乎火하고 說萬物者 莫說乎澤하고
   조만물자 막한호화   열만물자 막열호택

   潤萬物者 莫潤乎水하고 終萬物始萬物者 莫盛乎艮하니
   윤만물자 막윤호수   종만물시만물자 막성호간

   故로 水火相逮하며 雷風이 不相悖하며
   고   수화상체   뇌풍   불상패

   山澤이 通氣然後에아 能變化하야 旣成萬物也하니라.
   산택   통기연후   능변화   기성만물야

(3) 同聲合德文(건문언전 2절, 건문언절 6절)
   同聲相應하며 同氣相求하야 水流濕하며 火就燥하며
   동성상응   동기상구   수류습   화취조

   雲從龍하며 風從虎라
   운종룡   풍종호

聖人이 作以萬物이 覩하나니 本乎天者는 親上하고
성인   작이만물   도   본호천자   친상

本乎地者는 親下하나니 則各從其類也니라
본호지자   친하   즉각종기류야

父大人者는 與天地合其德하며 與日月合其明하며
부대인자   여천지합기덕   여일월합기명

與四時合其序하며 與鬼神合其吉凶하야
여사시합기서   여귀신합기길흉

先天而天弗違하며 後天而奉天時하나니
선천이천불위   후천이봉천시

天且弗違온 而況於人乎며 況於鬼神乎여!
천차불위   이황어인호   황어귀신호

3. 설시법

① 자신이 알고자 하는 사항을 종이 위에 아래와 같이 쓴다.

　2014년 5월 6일 낮 12시(甲午, 陰四, 八, 午時)

　乾命(여자:坤) 1963년생(癸卯生) 최ㅇㅇ　ㅇㅇㅇ함이 여하

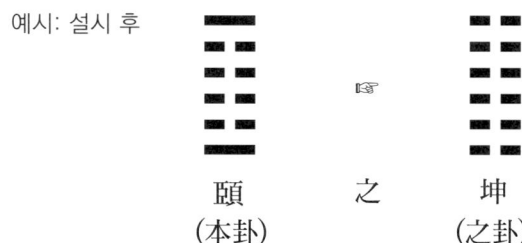

② 대나무 50가지를 손에 쥐고 한 개(황극수)를 빼서 자기 앞에 수평으로 놓는다.(황극)
③ 나머지 49개를 양손으로 쥐고 무심히 나눈다. 왼손에 있는 대가지는 하늘(天)을 상징해서 그대로 들고 있고, 오른 손에 들고있던 대가지는 땅(地)을 상징해서 오른쪽 바닥에 내려 놓는다.
④ 오른쪽 바닥에 내려놓은 대가지 중에서 한 개를 빼내서 왼손 새끼 손가락과 넷째 손가락 사이에 건다.(人)
⑤ ③의 과정에서 왼손에 들고 있던 댓가지를 오른손으로 세는데 네 개씩 센다. 왼쪽은 하늘을 상징하므로 왼손에 있는 것부터 세는 것이다. 네 개씩 세면 결국 한 개 아니면 두 개,세개,네개가 남게 된다. 그 남은 것을 다시 왼손 셋째와 넷째 손가락 사이에 건다.(삼세윤) 그리고 오른손에 들려있는 댓가지를 왼쪽 바닥에 내려 놓는다.
⑥ 다음에는 ④의 과정에서 한 개를 빼내고 남은 오른쪽 바닥에 있는 댓가지를 역시 네 개씩 센다. 셀 때는 오른손으로 그것을 들고 왼손으로 센다. 내 개씩 세면 결국 오른손에는 한 개, 두 개, 세 개, 네 개가 남게 된다. 남은 댓가지를 왼손 둘째 손가락과 셋째 사이에 끼운다.(오세재윤) 그리고 왼손으로 센 댓가지는 다시 오른쪽 바닥에 내려 놓는다.
⑦ 그런 후에 왼쪽 손가락사이에 있는 댓가지(④, ⑤, ⑥번 과정에서 건 것)를 모두 합하여 ②번 과정에서 수평으로 놓은 댓가지의 왼쪽에 수직으로 건다. 이상이 一變으로 "불오즉구(不五卽九)"라 하여 다섯 개나 아홉 개가 아니면 설시를 잘못한 것으로 다시 해야 한다.
⑧ 일변이 끝나면 위의 다섯 개가 아니면 아홉 개를 제외한 44개(49-5)나 40개(49-9)가 좌우측에 놓여져 있는데 이것을 양손으로 합친다. 합친후 ③번 과정에서부터 이와같은 방법으로 남은 시초를 반복하면 책2,책3의 수가 나오며 그 수는 "불사즉팔(不四卽八)"이라 하여 네 개나 여덟 개가 아니면 설시를 잘못한 것으로 다시 해야 한다. 이상과 같은 동작으로 종합하여 한 爻가 형성된다.

⑨ 이상과 같이 3변을 마치면 한 효를 얻는데, 다음에는 얻은 효의 사상을 판별해야 한다. 1,2,3변에서 나올 수 있는 경우는 (5,4,4)나 (5,4,8)이나 (5,8,4)나 (5,8,8)이나 (9,4,4)나 (9,4,8)이나 (9,8,4)나 (9,8,8)의 여덟 가지 밖에는 없다. 그런데 5나4는 적은 수로 "少"이고 9나8은 많은 수로 "多"이니 이것을 기준삼아 사상으로 판별해 보면 다음과 같다.

(1) 한 효의 사상 판별법과 표시법

사상	판별법	합수	사상책수	표시법
태음	3多(9.8.8)	25	49-25=24(4×6)	×(음→양)
소양	1少兩多(9, 4, 8)(9, 8, 4)(5, 8, 8)	21	49-21=28(4×7)	———
소음	1多兩少(9, 4, 4)(5, 4, 8)(5, 8, 4)	17	49-17=32(4×8)	— —
태양	3少(5,4,4)	13	49-13=36(4×9)	□(양→음)

```
         1변              2변              3변
태극 ━━|||| ━━━━|||| ━━━━|||| ━━━━
          (5)              (8)              (4)
       5개 아니면 9    4개 아니면 8    4개 아니면 8
```

⑩ 이와같은 방법으로 6번하여 6효를 얻는다.

(2) 체용추현법(주자설)

爻動	無爻	1개효	2개효	3개효	4개효	5개효	6개효
체	내괘	본괘 변효	본괘변효 中 상효	본괘 단사	본괘불변효 中 상효	본괘 불변효	본괘 단사
용	외괘	지괘 변효	지괘변효 中 하효	지괘 단사	지괘불변효 中 하효	지괘 불변효	지괘 단사

※ 지괘란 노양이 음으로 변동하고, 노음이 양으로 변동하여 이루어 진 괘를 말한다.

4. 설시 예시

(1) 예시1 : 1효변 즉 본괘변효(체) 지괘변효(용)

重天乾　　　　　天澤履

☞　　乾괘 九三효(체)
　　　履괘 六三효(용)

본괘　　　　　　지괘

(2) 예시 2 : 2효변 즉 본괘변 상효(체) 지괘변하효(용)

重天乾　　　　　天山遯

☞　　乾괘 九二효(체)
　　　遯괘 初六효(용)

본괘　　　　　　지괘

(3) 예시3 : 3효변 즉 본괘단사(체) 지괘단사(용)

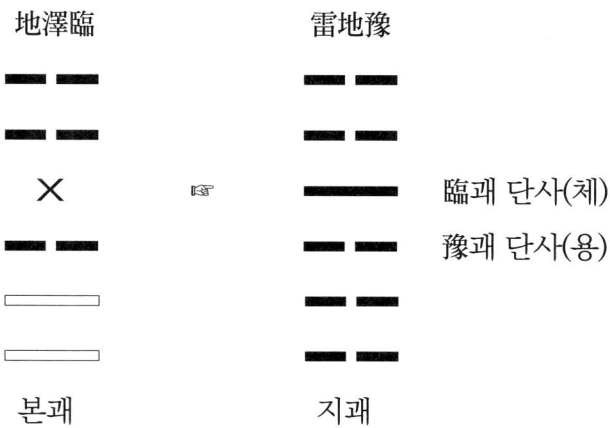

地澤臨　　　　　雷地豫

臨괘 단사(체)
豫괘 단사(용)

본괘　　　　　　지괘

(4) 예시4 : 4효변 즉 본괘불변상효(체) 지괘불변하효(용)

水天需　　　　　雷山小過

需　괘 上六효(체)
小過괘 九三효(용)

본괘　　　　　　지괘

(5) 예시5 : 5효변 즉 본괘불변효(체) 지괘불변효(용)

重天乾   地山謙

☞   乾괘 九三효(체)
     謙괘 九三효(용)

본괘   지괘

(6) 예시6 : 6효변 즉 본괘단사(체) 지괘단사(용)

澤地萃   山天大畜

☞   萃 괘 단사(체)
     大畜괘 단사(용)

본괘   지괘

(7) 예시7 : 6효불변 즉 내괘(체) 외괘(용)

火天大有

▬▬▬
▬ ▬   외괘
▬▬▬   大有괘 內괘(체)
▬▬▬   大有괘 外괘(용)
▬▬▬   내괘
▬▬▬
본괘

제5장
부록

1. 64괘 384효 점해

1. 重天乾(☰)

	초구	구이	구삼	구사	구오	상구
가출	근동남방	먼길 가출	서쪽 위험	먼 동남방	먼 남쪽	서쪽 안 옴
개업	확장곤란	동업유리	시기 관망	희망적	골라 동업	불가
기후	맑고 바람	맑다	구름, 냉	춥고 바람	맑다	급 소나기
매매	지연된다	성사된다	급진 손해	장애지연	성사	실패
사업	부진 자중	발전일로	고진감래	놓칠 염려	과욕불급	부도
소망	성사 곤란	성사된다	늦게 성사	적극 대처	크게 성사	재기 불능
소송	승소	승소	화해 가능	승소	승소	함정 빠짐
시험	낙방	유망입사	재수	처음 낙방	합격	탈락
실물	내부 소행	찾기 곤란	먼곳에 감	외부 도적	발견 곤란	찾지 못함
여행	가지 마라	떠난다	도중 고통	좋다	원행 가능	곤경 빠짐
전업	업종 불변	동업 유리	하지 마라	해볼만	이종 선택	불가
재수	득실 없다	좋다	조금 유리	조금 득	이롭다	손해
증권	약보합세	오른다	약보합세	내린다	강보합세	하락
질병	치유 된다	치유 곤란	지속 투병	병만 악화	양의 치유	사망
출마	낙선	당선	기반 구축	2차 당선	당선	낙선
출산	남아 약질	여아 난산	남아 평산	여아 허약	출중 남아	여아 역산
취직	안된다	유망 입사	노력성취	지연 성사	성사	안된다
혼인	늦게 성사	남자 성사 여자 안됨	초인 교제	성사 곤란	늦게 성사	불길 성사

□ 단사

모든 일에 급진적으로 나아감이 불리하고, 부단한 노력과 인내로써 꾸준히 나아감이 좋다.

2. 重地坤(☷☷)

	초육	육이	육삼	육사	육오	상육
가출	병을 얻다	근접 북쪽	동북쪽	무해 무득	먼 북방	동북방
개업	괜찮다	협조 얻음	문을 연다	불가	장소 가려	해서 안됨
기후	흐린후 갬	음습, 비	흐림 음습	구름, 비	비가 온다	구름 낌
매매	큰 손해	협조 성사	손해 감수	신중	낮춰 성사	서로 손해
사업	곤경 처함	우연 잘됨	남 밑에서	시기 관망	신용 유지	실패 소송
소망	큰화초래	성사된다	작은 성사	잘 안됨	반쯤 성사	성사 안됨
소송	패소	승소	화해한다	입조심	승소	피차 파산
시험	공부안 함	합격	우수 합격	낙방	우수 합격	건달짓 함
실물	동방 있음	자연히 옴	도하 예정	찾지 못함	먼곳있다	도둑 소행
여행	병을 얻다	집이 유리	먼곳안감	가지 않음	다 좋다	시비 걸림
전업	불변 좋다	본업 지속	옮겨라	불가	불변 확장	해서 안됨
재수	없다	우연히 득	사양, 득	도움 안됨	많은 이득	크게 손해
증권	오른다	보합세	상승 기미	강보합세	내릴 조짐	강보합세
질병	신속 치료	자연치유	심각	합병증	심해진다	수술 받음
출마	낙선	당선	낮게 선택	출마 안됨	차위 당선	낙선 손상
출산	임신 안됨	여아 허약	남아 평산	여아 출생	남아 허약	남아 평산
취직	잘 안됨	우연 취직	낮춰 취직	잘 안됨	윗선 의뢰	안된다
혼인	남자 성사 여자 곤란	성사	낮춰 성사	반길 반흉	남자 성사	화합 못함

□ 단사

남의 아래에 있어야 하는데, 남보다 앞서 나가면 아득하다는 것이고, 뒤에 따라가면 득이 있고 늘 利를 얻는다는 뜻이다.

3. 水雷屯(☵☳)

	초구	육이	육삼	육사	구오	상육
가출	서남쪽	색정, 서쪽	남쪽	색정, 북쪽	서남쪽	동남쪽
개업	시기 관망	시기 관망	않토록 함	동쪽 개업	불가	당치 않다
기후	습기	구름 낌	맑다	비, 흐림	비, 냉습	비, 바람
매매	순조롭다	차차 달성	불황 손해	성사	부진	피차 실패
사업	기초 튼튼	시기 관망	사기 당함	얻어진다	소규모	계속 흉함
소망	대성	차차 풀림	와해됨	나중 이룸	소득 있다	안됨
소송	양보 유리	패소 가능	불리함	유리한 편	패소	화를 자초
시험	노력 합격	재수	성적 부실	합격 안됨	합격 안됨	안됨
실물	근접	차츰 발견	집에 있다	서쪽, 곤란	서남쪽	도적 소행
여행	멀리 안됨	멀리 안됨	가지 않음	길하다	불가	울고 귀가
전업	시기 관망	시기 관망	빨리 바꿈	동쪽 개업	불가	당치 않다
재수	노력, 득함	나중, 득	손실 봄	소득 있다	조금 있다	계속 손해
증권	약보합세	보합세	이익 없음	하락	큰폭 하락	하락
질병	속이 답답	병세 호전	속히 치료	기도 쾌유	노인 사망	위독하다
출마	당선	낙선, 당선	낙선	낙선	낙선	낙선
출산	출중 득남	여아 출생	남아 출생	여아 출생	남아 출생	난산 여아
취직	희망적	차차 달성	안됨	차차 달성	소규모 됨	안됨
혼인	멀리 있다	많이 늦다	좋지 못함	결국 성사	늦게 성립	고민 많다

□ 단사

4대 難괘 중 하나이다. 망동하지 말고 기초를 공고히 하여 초창기의 어려움을 극복한다.

4. 山水蒙(䷃)

	초육	구이	육삼	육사	육오	상구
가출	서쪽 곤란	서남방	동남 위험	남쪽,곤함	동남쪽	서남방
개업	불가	육영 구축	새 터전	힘든다	길하다	어렵다
기후	비후구름	비, 습함	비, 바람	맑다	바람 분다	흐리고 습
매매	손실 많다	이롭다	손실 많음	어렵다	이롭다	손실 많다
사업	고난 있다	교육자	풍문 있음	안된다	길하다	어렵다
소망	재앙 초래	크게 성공	못 이룸	안된다	이룬다	확장 불가
소송	유리하다	패할 우려	패함	유리	패한다	미리 예방
시험	떨어진다	성공	안된다	겨우 합격	합격	어렵다
실물	도둑 소행	집에 있음	찾지 못함	찾지 못함	찾지 못함	찾지 못함
여행	허물 범함	일찍 옴	부적당	불가	무해무득	도적주의
전업	불가	교육사업	타곳 이전	힘든다	길하다	어렵다
재수	손해 많다	득이 있다	많이 잃음	없는 편	좋다	손해
증권	약보합세	약보합세	약보합세	강보합세	내린다	하락
질병	찬물 세척	정신치료	동남 치료	병고 신음	쾌유	위독
출마	낙선 감옥	당선	낙선	낙선	당선	낙선
출산	남아	여아, 쌍동	남아 난산	여아	남아	여아 평산
취직	되지 않음	선생 취직	안된다	안된다	잘 된다	어렵다
혼인	연애 성사	귀인 만남	잘 안됨	외롭다	좀 길하다	여불 남가

□ 단사

목적을 향하여 꾸준히 노력하면 성공한다.

5. 水天需 (䷄)

	초구	구이	구삼	육사	구오	상육
가출	동남쪽	남쪽	서쪽 물가	서쪽	서남방	동남 만남
개업	시기 상조	시기 관망	시기 놓침	시기 상조	호황	처음 고난
기후	한랭, 바람	맑게 개임	맑고, 구름	비, 흐림	비, 습함	비, 바람
매매	손해 봄	다소 성립	화를 자초	끝내 이룸	모두 이익	성사
사업	본업 유지	본업 지속	역시 위태	곤경 탈피	번창	외교 필요
소망	시기 관망	차츰 호전	안됨	점차 타개	이룸	이룬다
소송	승소	어렵다	화해	겨우 면함	결과 좋다	불가
시험	급히 안됨	말썽 있음	합격 안됨	불합격	합격	나중 된다
실물	내부 소행	물가	찾지 못함	많이 상함	서남, 찾음	깊은 굴속
여행	득 없음	가지 마라	불리	물가 조심	길하다	집이 좋다
전업	불가	시기 관망	해가 된다	타기 시작	조금 곤란	처음 고난
재수	없다	급히 손해	많은 손해	손해 면함	크게 좋다	이롭다
증권	약보합세	오른다	약보합세	차츰 하락	큰폭 하락	내린다
질병	차츰 호전	심신수양	기도	중태, 회복	점차 회복	의술치료
출마	낙선	가망 있다	낙선	낙선	당선	겨우 당선
출산	남아	여아	남아 평산	사산	남아	여아
취직	급히 안됨	고진감래	안된다	이룸	이룬다	된다
혼인	이룬다	남자, 늦게	못 이룸	이룸	만혼 좋다	인연 있음

□ 단사

마음을 굳세게 갖고 험한 곳으로 나아가지 말아야 한다. 또한, 구름이 하늘 위에만 있을 뿐 비가 되어 내리지는 못하니 목마른 중생이 비 오기를 기다린다.

6. 天水訟(☰☵)

	초육	구이	육삼	구사	구오	상구
가출	서쪽	서남방	동남방	동남	남쪽	못 찾음
개업	안된다	작은 규모	단독 실패	자립 불가	크게 길함	결국 폐문
기후	비, 흐림	비, 다습	비, 바람	맑고, 바람	쾌청	맑고 구름
매매	작게 성사	손해 후퇴	못 이룸	역부족	성사	안된다
사업	분수 맞게	많이 축소	옛것 지킴	심기일전	날로 번창	망신
소망	심기일전	크게 후회	구업유지	순종, 가능	대성	파산
소송	유리	패한다	아예 포기	화해	힘든 승소	중죄 받음
시험	낮춰라	낙방	낙방	불합격	합격	부정 취소
실물	타인 유입	숨겨놈	돌려줌	못 찾음	찾는다	못 찾음
여행	도중 회귀	불가	주의	안정유지	좋음	잘못 된다
전업	소규모	소규모	이동 안됨	안된다	길한 방향	빼앗김
재수	조금 이득	손해	손해	조금 유리	크게 좋다	점차 뺏김
증권	약보합세	약보합세	약보합세	하락	강보합세	상승폭락
질병	악화, 회복	삼일입원	운동치유	신경안정	낫는다	치료곤란
출마	중도하차	낙선	낙선	낙선	당선	당선무효
출산	남아	여아난산	유산염려	여아	득남	몰래 여아
취직	방해 안됨	못이룸	안된다	안된다	된다	쫓겨난다
혼인	결국 이룸	물러남	장애 있다	성사난관	이룸	파혼

□ 단사

일을 하는 데는 처음부터 잘 생각해서 하여야 하고, 큰일을 해서는 안된다. 대인을 찾아 협조를 구하고, 중도를 지켜야 한다.

7. 地水師(☷☵)

	초육	구이	육삼	육사	육오	상육
가출	서쪽 물가	서남방	동남방	동방	북방	동북방
개업	소매업	큰 사업	불가	불가	시비 많다	길하다
기후	비, 흐림	비, 다습	비, 바람	변덕	큰비	습, 흐림
매매	어렵다	크게 길함	분수껏	소탐대실	매도 이익	잘 안됨
사업	규모 있게	결과 좋음	불리	관망진출	잘 안된다	논공행상
소망	소사성사	입신양명	못 이룸	시기관망	이룬다	家道 지속
소송	유리	승소	패, 손해	화해 필요	손해배상	화해
시험	위태	무관, 합격	낙방	나중, 합격	합격	합격
실물	집에 있다	군인 소행	못 찾음	못 찾음	찾는다	동북방
여행	길하다	크게 길함	흉하다	도난 당함	무난	좋다
전업	작은 이익	길하다	기대 못함	불가	실수 염려	별로임
재수	없다	있다	없다	없다	좋다	보통
증권	약보합세	약보합세	약보합세	강보합세	하락, 보합	강보합세
질병	조심 회복	치유곤란	사망	지속치료	낫는다	위태
출마	낙선	당선	낙선	낙선	당선	겨우 당선
출산	남아	여아	사산우려	산모위태	남아	여아 평산
취직	안된다	좋게 된다	안된다	나중, 됨	된다	된다
혼인	반흉반길	되도 불행	성사 안됨	성사 안됨	여자 좋음	어렵다

□ 단사

군인으로서 대장이 되고 군사를 이끌고 출전한다. 근심하고 싸우는 즉 위난하고 위태한 곳에 가 그 위험을 평정한다.

8. 水地比(☵☷)

	초육	육이	육삼	육사	구오	상육
가출	돌아온다	북방	동북방	서쪽	서남방	동남방
개업	집안, 길함	내적, 길함	잘 안됨	크게 벌림	큰 사업함	할 게 없다
기후	구름, 천둥	큰 비	흐리고, 습	큰비, 흐림	비, 음습	비, 바람
매매	점차 이룸	이익	손해	득실상존	하나 이룸	손해
사업	家事 성공	안쪽, 길함	안된다	크게 번창	진전	할 게 없다
소망	성사	외부 도움	손해	공개, 성사	이룬다	요구 없음
소송	하지 마라	승소	재앙 초래	도움 받음	변호사 選	하지 마라
시험	낮게 응시	합격	도움 없음	우수 합격	합격	불합격
실물	찾아 준다	내부 소행	분실 파괴	일부 찾음	찾을 가능	손해
여행	탈이 없다	불가	불가	좋다	길하다	불가
전업	불가	불가	안된다	외국 가능	큰 규모 됨	갈 곳 없음
재수	나중 좋다	내적 수입	함께 망함	약간 정도	좋다	손해
증권	차츰 상승	약보합세	소폭 오름	소폭 하락	큰폭 하락	하락
질병	치유 곤란	투병	후유증	중병	치유 곤란	심한 편
출마	지명 가능	옥중 당선	시비 낙선	남을 당선	당선	낙선 후회
출산	난산 득남	남녀 쌍둥	불구, 사산	출중 여아	남아 난산	여아
취직	성사	된다	안된다	된다	된다	안된다
혼인	성사	성사	미성사	여자 좋다	늦어진다	나중 불미

□ 단사

정직한 사람이 정직한 방법으로 공동작업하며 서로 협조해야 길하다.

9. 風天小畜(䷈)

	초구	구이	구삼	육사	구오	상구
가출	돌아온다	데려 온다	서쪽	서북쪽	동북방	북쪽 나쁨
개업	시작 성공	안함, 좋다	하면 안됨	안된다	동업 성공	해서 안됨
기후	맑고, 바람	맑다	구름, 갬	바람, 청명	바람, 흐림	바람, 비
매매	성사	성립	시비 있다	손해	성립	나중 이룸
사업	始微終蒼	참고 견딤	구설수만	점차 된다	이룬다	점차 이룸
소망	점차 이룸	시기 관망	시비 당함	일부 성사	함께 대성	이룸
소송	이긴다	중지 유리	시비만	피하라	승소	유리
시험	전공 이룸	낙방 안함	불합격	어렵다	된다	이룸
실물	찾는다	남쪽	집안 반목	서북쪽	찾기 힘듬	북쪽
여행	좋다	안감, 좋다	안감, 좋다	서북, 좋다	길하다	가서 안됨
전업	않도록 함	않함, 좋다	불가	갈 수 있다	성공	해서 안됨
재수	결과 좋다	좋은 편	없다	손해	크게 얻음	나중 이룸
증권	약보합세	상승세	약보합세	강보합세	강보합세	내린다
질병	운동 회복	지병이다	회복 곤란	어렵다	낫는다	자가 치유
출마	열전 당선	겨우 당선	안된다	낙선	당선	된다
출산	남아 순산	여아 난산	기대 난망	유산 염려	남아 순산	여아
취직	이룸	된다	말썽 일음	어렵다	된다	이룸
혼인	성립	늦어진다	이혼, 사별	성립 안됨	경쟁 있음	이룬다

□ 단사

안으로 강건하고 밖으로 손순하여 적게나마 일이 성사 된다. 처음에는 구름 끼고 비가 오지 않다가 나중에 비가 오는 것이 소축이다. 예능 방면으로 나간다.

10. 天澤履(☰☱)

	초구	구이	육삼	구사	구오	상구
가출	북쪽	동쪽	서북쪽	못 찾는다	수일, 귀가	서쪽
개업	내돈, 시작	불가	실패	안된다	좋다	좋다
기후	비	천둥번개	고기압	맑고, 바람	맑고, 해	구름
매매	본전 성사	소규모 能	안된다	이룸	성립	성립
사업	지속유지	큰 사업 不	실패	나중 잘됨	잘된다	잘된다
소망	이룬다	正道 이룸	못 이룸	이룬다	이룬다	이룸
소송	안함, 좋다	이긴다	화해	승소	패소 염려	화해
시험	된다	동쪽 응시	낙방	합격	된다	합격
실물	북쪽	동쪽	찾기 곤란	동남쪽	찾기 힘듬	찾기힘 듬
여행	좋다	안좋다	좋지 않음	좋다	좋다	길하다
전업	필요 없다	불가	실패	구업 유지	잘된다	필요 없다
재수	적당 있다	큰 이익 無	없다	좋게 된다	좋다	좋다
증권	약보합세	오른다	큰 폭 상승	내린다	강보합세	하락세
질병	지병유지	운동요법	신경통	심장병	중병	기도 치유
출마	안함, 좋다	불가	낙선	겨우 당선	당선	당선
출산	남아	여아	불구 자산	출중 여아	출중 남아	여아 쌍둥
취직	된다	동쪽 가능	안된다	된다	된다	이룸
혼인	성립	近女 금지	안된다	된다	늦어진다	성립

□ 단사

늘 기쁜 마음으로 겸손하게 처신하여 목적을 이루는 것이다. 금전적으로는 번뇌가 많고, 양자를 들여 기르게 된다. 산제나 불공 등 정성을 드리면 좋다.

11. 地天泰(☷☰)

	초구	구이	구삼	육사	육오	상육
가출	동남방	제보, 찾음	서북방	못 돌아옴	북쪽	동북쪽
개업	동업 좋다	기반 구축	안된다	안된다	함께 동업	안된다
기후	바람	한랭, 해	소나기	고온 다습	습기,비	습냉 안개
매매	함께 이익	성립	점차 성사	공동 성립	성립	없다
사업	동업 좋다	신개척	구업 유지	줄여가라	조금 낮게	파업 부도
소망	함께 이룸	크게 이룸	이룸	어렵다	조금 낮게	시기 놓침
소송	협동 승소	상대 막강	화해	패소	승소	화해 모색
시험	겨우 합격	우수 합격	된다	불합격	합격	성적 나쁨
실물	찾기 곤란	집안	찾기 힘듬	동쪽	찾기 곤란	상태 나쁨
여행	함께 여행	좋다	주의 요함	비행기로	멀리 여행	안된다
전업	희망적	좋다	안된다	안된다	한직, 축소	안된다
재수	함께 이득	크게 좋다	점차, 좋음	지꾸 손해	좋은편	없다
증권	약보합세	오른다	약보합세	강보합세	하락	강보합세
질병	점차 호전	과로	관절, 호흡	악화된다	중증	사망
출마	당선	당선	당선	어렵다	합심당선	낙선
출산	남아, 쌍둥	여아	남아평산	여아	남아	여아평산
취직	된다	인정 받음	어렵다	안된다	女可男不	안된다
혼인	된다	늦어진다	半吉하다	어렵다	성사된다	어렵다

□ 단사

천지가 사귀어 나라는 태평하고, 사회 질서는 잘 유지되며, 집안은 편안하다.

12. 天地否(䷋)

	초육	육이	육삼	구사	구오	상구
가출	온다	북쪽	신상 곤란	올 수 있다	돌아옴	돌아온다
개업	안된다	안된다	불가	천천히	小事 시작	후원 있다
기후	흐림, 맑음	비온다	습, 구름	쾌청, 바람	쾌청	맑고 흐림
매매	협동처리	小利	실패	성립	득봄	풀린다
사업	시기관망	小事가능	고전	나중 성공	승승장구	날로 번성
소망	때 기다림	小事成事	안된다	달성 된다	대성한다	만사길조
소송	패소	해결 곤란	피차 손해	이긴다	전화위복	원만해결
시험	기다려야	안된다	부정합격	합격	합격	합격
실물	집안내	도둑 소행	못 찾는다	산속	굴, 숨김	서쪽
여행	안된다	안 좋다	수치 당함	좋다	탄탄대로	금의환향
전업	구업 유지	안된다	불가	안하는 게	신중해야	도와 준다
재수	소득 없다	힘든다	전혀 없다	좋은편	크게 길함	점차 호전
증권	오름세	약보합세	소폭상승	내린다	강보합세	내림세
질병	회복 곤란	치유	치유곤란	치유회복	신경과민	회복된다
출마	당치 않다	낙선	낙선	당선	당선	당선
출산	난산 우려	여아	부정 남아	여아	득남	여아 평산
취직	안된다	어렵다	안된다	된다	우수 합격	성취
혼인	안된다	女吉 男不	여자 부정	길하다	늦어진다	길하다

□ 단사

천지가 사귀지 못하여 상하가 불통하니, 국가와 사회에 혼란이 오고 가정에 불화가 있다. 몸은 병객이 되며, 매사가 이루어지지 않는다.

13. 天火同人(䷌)

	초구	육이	구삼	구사	구오	상구
가출	안 돌아옴	서북쪽	동쪽	돌아온다	돌아온다	못 돌아옴
개업	된다	多품목	망한다	안된다	전망 좋다	안된다
기후	맑고 구름	한랭, 쾌청	지진 염려	맑고, 바람	쾌청	맑고 흐림
매매	기미 보임	공동성사	안된다	오래 끈다	운수대통	안된다
사업	된다	고루 거래	돈만 날림	파산 면함	대성	현재 만족
소망	이룬다	못 이룸	실패	분수 맞게	늦게 대성	은둔
소송	협조 필요	청탁, 승소	유리	승소	어렵다	다툼 안됨
시험	된다	불합격	불합격	능력 맞게	우수 합격	修身 공부
실물	찾기 힘듬	인척 소행	비 원형	찾는다	찾는다	서쪽
여행	좋다	집안 여행	불의 사고	연기함	화재주의	구경삼아
전업	해도 무방	사적 전업	흉운 온다	안된다	구업 유지	구업 유지
재수	보인다	좋지 않다	없다	보통	점차 좋음	없다
증권	소폭 상승	큰폭 상승	오른다	하락	강보합세	하락
질병	잘 먹어라	중병	난치병	심기안정	병 악화	투병생활
출마	기반구축	男落 女當	낙선	후일도모	당선	낙선
출산	남아난산	사산가능	남아	여아	남아, 쌍등	여아 평산
취직	된다	구설수	안된다	처음 안됨	나중 된다	공부해야
혼인	데릴사위	상방 합의	물러선다	성립	방해 많음	잘 안됨

□ 단사

공정하고 의리에 맞게 하면 어떠한 일이든지 성공할 운이나, 삼가며 조심해야 하는 때이기도 하다.

14. 火天大有(䷍)

	초구	구이	구삼	구사	육오	상구
가출	동남, 서북	남쪽	서쪽	동북쪽	서북쪽	돌아옴
개업	시기 관망	종교, 교육	사람주의	확대 마라	대길	때가 아님
기후	맑고, 바람	덥고, 쾌청	맑고, 흐림	맑고, 흐림	맑게 개임	맑음
매매	小事 성사	크게 이익	큰 손해 봄	고집 안됨	이룸	성립
사업	구업 유지	크게 성취	통제 부족	확대 마라	크게 번창	점차 성공
소망	고진감래	달성한다	성사 안됨	늦게 이룸	이룸	명예, 부
소송	승소	필요 없다	화해	외유내강	승소	유리해짐
시험	하위 합격	합격	지위 자만	우수 합격	우수 합격	우수 합격
실물	동남쪽	남쪽	도둑 소행	동북쪽	서북쪽	동쪽
여행	보통	공을 위해	즐거운 여행	가도 좋다	좋음	좋음
전업	필요 없다	길하다	필요 없다	필요 없다	하면 잘됨	구업 유지
재수	반쯤 좋다	큰 득 있다	손해 봄	욕심 안됨	크게 길함	길하다
증권	보합세	상승	약보합세	보합세	강보합세	강보합세
질병	회복	휴식 요함	심하다	속히 치료	병, 사망	회생
출마	낙선	당선	잘못 가능	당선	당선	당선
출산	남아 조산	여아, 쌍둥	남아 평산	여아 난산	출중 남아	여아
취직	된다	중책	인정 필요	잘된다	길하다	된다
혼인	반흉 반길	이혼 가능	불화	욕심 곤란	성립	잘 산다

□ 단사 : 불이 하늘 위에서 모든 것을 비추고, 막강한 권좌에 있다. 남방이 길하다. 대유는 대체로 길한 운이다. 만사가 형통하고, 물질적인 일보다 정신적인 일에 좋다. 소인보다는 군자가 이롭다.

15. 地山謙(䷎)

	초육	육이	구삼	육사	육오	상육
가출	바다 건너	돌아온다	돌아온다	오지 않음	돌아온다	어렵다
개업	시기 관망	천천히	큰일 도모	하지 마라	하지 마라	안된다
기후	흐림, 맑음	흐림, 바람	구름, 냉습	고온다습	습하고, 비	흐린다
매매	조금 양보	욕심 버림	성사	공동 성사	성립	역부족
사업	호전	번창	성공	욕심 버림	확장 가능	잘 안된다
소망	여색주의	이룬다	이룬다	小 이룸	여자 성사	힘든다
소송	도움 받다	하지 마라	화해	하지 마라	이긴다	화해
시험	우수 합격	우수 합격	합격	떨어진다	남자 위태	불합격
실물	못 찾다	찾게 된다	발견 된다	못 찾는다	포기해라	못 찾는다
여행	좋다	좋다	좋다	먼 곳 일주	가지 마라	가지 마라
전업	불가	안 좋다	좋다	하지 마라	구업 유지	하지 마라
재수	노력만큼	좋은 편	좋은 편	보통 가능	얻는다	없다
증권	오를 기미	약보합세	보합세	보합세	내린다	강보합세
질병	악화, 회복	지병고생	만성 질환	음식주의	단전호흡	마음병
출마	小, 당선	당선	당선	낙방 쉽다	여자 당선	낙선
출산	남아	여아	남아 평산	여아	남아 순산	여아 평산
취직	된다	된다	된다	성사	반반	잘 안된다
혼인	늦어진다	늦어진다	아주 좋다	늦어진다	성립	이룬다

□ 단사

현재는 쇠운이지만 점차 길운이 된다. 겸손한 것은 유익함을 낳아 결국은 잘되는 것이며, 약한 자를 돕는 것으로 볼 수도 있다.

16. 雷地豫(☷☳)

	초육	육이	육삼	구사	육오	상육
가출	못 찾는다	곤경 처함	색정관계	돌아온다	색정관계	못 찾는다
개업	하지 마라	시기 관망	하지 마라	좋다	하지 마라	하지 마라
기후	지진 미동	비	흐린다	천둥소리	소나기	맑다
매매	성립 안됨	서로 이익	못 이룸	크게 좋다	안된다	안된다
사업	후회	구업 유지	위태	번창	겨우 유지	파산
소망	성취 못함	이룸	못 이룸	크게 이룸	점차 이룸	못 이룸
소송	재해 초래	승소	패소	승소	끌면 불리	헛 욕심 냄
시험	안됨	우수 합격	불합격	합격	공부 안 함	불합격
실물	못 찾는다	집안 소행	동북쪽	못 찾다	못 찾는다	남쪽
여행	불리	좋지 않음	좋지 않음	대길	반 吉	불길
전업	하지 마라	구업 유지	하지 마라	좋다	하지 마라	불가
재수	없다	좋은 편	후회	크게 좋다	없는 편	없다
증권	겨우 오름	약보합세	소폭 오름	큰폭 하락	내린다	강보합세
질병	회복 힘듬	의지 필요	안정 요함	자주 목욕	늘 아프다	속히 치료
출마	낙선	당선	낙선	당선	좋지 않다	낙선
출산	남아 난산	여아	기형 남아	남吉 여不	남아 난산	여아
취직	안된다	합격	안된다	성취	안된다	안된다
혼인	실패	여자 안됨	안된다	성사	어렵다	좋지 않다

□ 단사 : 무덤에 관한 괘다. 길운에 해당한다. 순서를 지키고 일에 앞서 미리 예방을 하여 이득을 본다. 큰일을 위임받아 능히 이루니, 모든 사람의 우러름을 받고 주체가 되어 행동한다.

17. 澤雷隨(䷐)

	초구	육이	육삼	구사	구오	상육
가출	서남방	삼각관계	남쪽	북쪽	동쪽	구금상태
개업	길하다	불가	貴함 따름	소규모	길하다	불가
기후	흐림, 습	안개, 흐림	해 난다	비 온다	소나기	맑고 한랭
매매	성립	양쪽 잃음	성립	작은 이익	성립	안 좋다
사업	새 출발	둘 중 하나	소실 대득	본업 사수	번창	하지 마라
소망	이룬다	둘 중 하나	소실 대득	이룬다	이룬다	어렵다
소송	승소	패소	비용 과다	승소	승소	화해
시험	합격	불합격	낮게 된다	합격	합격	불합격
실물	서남방	서쪽	남쪽	북쪽	동쪽	못 찾는다
여행	길하다	반쯤 길	반쯤 길	보통	길하다	불가
전업	길하다	불가	먼 곳 개업	불가	길하다	불가
재수	좋다	소실 대득	이롭다	小益	좋다	많이 잃다
증권	보합세	보합세	오른다	내린다	강보합세	강보합세
질병	낫는다	합병증	악화	완치 곤란	낫는다	정신치료
출마	당선	낙방	타인 당선	겨우 당선	당선	낙선
출산	남아 순산	여아 난산	쌍둥 一死	여아	남아 순산	여아
취직	이룬다	어렵다	이룬다	성립	이룬다	안된다
혼인	이룬다	어려움	재혼	손해	길하다	여길 남흉

□ 단사 : 雷에 澤이 따르고 장남에 소녀가 따르니, 기뻐서 발동하는 것이다. 기뻐 따르다 보니 크게 형통하게 된다. 그러나 잘못을 따르게 되면 오히려 흉하게 되므로 바르게 하면 이롭고 허물이 없다고 하였다.

18. 山風蠱(䷑)

	초육	구이	구삼	육사	육오	상구
가출	서북쪽	동북쪽	북쪽	남쪽	돌아온다	서남쪽
개업	불가	시기 관망	안된다	불가	좋다	안된다
기후	바람	흐린다	비 온다	해 난다	구름, 바람	구름, 습기
매매	성사	어렵다	이룬다	어렵다	성립	買難賣可
사업	성공	어렵다	노력희망	부도	잘된다	道人 吉
소망	이룬다	무리 마라	이룸	못 이룸	이룬다	道人 이룸
소송	패소	이긴다	유리 조건	도움 받다	패할 염려	포기
시험	평범한 곳	불합격	불합격	불합격	합격	보통 합격
실물	서북쪽	동북쪽	북쪽	남쪽	찾는다	서남쪽
여행	안된다	안된다	가지 마라	흉하다	평이하다	평이하다
전업	구업 유지	시기상조	안된다	불가	좋다	안된다
재수	조금 있다	없다	반반	없다	크게 좋다	없다
증권	큰 폭 상승	소폭 상승	보합세	보합세	상승 하락	큰 폭 하락
질병	심하다	여자 심함	음식 호식	아프다	치유 된다	소식운동
출마	당선 곤란	낙선	낙선	낙선	당선	낙선
출산	남아	여아	남아	여아	남아	자식 없다
취직	이룬다	노력 필요	이룬다	안된다	이룬다	안된다
혼인	남자 재혼	성립	성사	성립	늦어진다	어렵다

□ **단사** : 사건이 많이 생기며, 사회가 병들어 있다. 부정부패가 많아 사건이나 사고가 많이 생기는 때이며, 예전에 어지러워진 일을 치유하고 개혁하여 어려운 일을 극복한다.

19. 地澤臨(䷒)

	초구	구이	육삼	육사	육오	상육
가출	색정관계	색정관계	색정관계	여자문제	북쪽	동북
개업	좋다	좋다	불가	좋다	길하다	길하다
기후	비 온다	번개 침	개인다	번개	비 온다	구름
매매	성사	이룬다	안된다	보통	성립	집안 성사
사업	번창	잘된다	실패	열심 노력	길하다	길하다
소망	이룬다	이룬다	어렵다	성립	이룸	성립
소송	불리해짐	승소	중지 좋다	패할 우려	승소	화해
시험	합격	합격	불합격	합격	합격	합격
실물	북쪽	동쪽	서북방	동쪽	북쪽	동북
여행	길하다	길하다	좋지 않다	길하다	길하다	길하다
전업	좋다	좋다	불가	해도 좋다	길하다	길하다
재수	득봄	좋다	없다	보통	있다	좋다
증권	보합세	상승	큰 폭 상승	보합세	하락	강보합세
질병	호전	고친다	병세 반복	치유 곤란	식이요법	위태
출마	당선	당선	낙선	겨우 당선	당선	당선
출산	남아	야아 순산	여아 평산	여아	남아	여아 평산
취직	이룬다	이룬다	불가	된다	이룸	된다
혼인	성사	여자 길함	말만 무성	어렵다	길하다	여자 시집

□ **단사** : 때를 만나 적극적으로 분발함에 지위나 부에 좋은 변동이 오니, 외국 유학 또는 지사의 책임자로 나아간다. 다만 양기가 너무 발동하여 자신만만하게 나가다가는 남의 감언이설에 속거나 큰 낭패를 볼 염려가 있다. 大가 小에 군림하여 모든 일을 처리해 준다.

20. 風地觀(䷓)

	초육	육이	육삼	육사	구오	상구
가출	동쪽	북쪽	동북쪽	서북	동북	북쪽
개업	작게 시작	여자, 길	역량 파악	좋다	큰 사업함	안된다
기후	번개	비온다	구름	바람, 한랭	바람, 구름	바람, 비
매매	불리	여자 이로움	관망	성립	성립	이룸
사업	소규모	여자, 길	급진 곤란	공익, 성취	성공	성공
소망	큰일, 곤란	여자 이룸	진퇴 확인	官界 진출	이룸	이룬다
소송	패소	승소	화해	패소	승소	힘 얻음
시험	낙방	여자 합격	차후 합격	합격	합격	합격
실물	동쪽	여자 소행	동북	서북	동북	북쪽
여행	불가	여자 좋다	시기 관망	이롭다	좋다	좋다
전업	불가	불가	불가	좋다	사업 확장	안된다
재수	없다	여자 이로움	이롭다	이롭다	이롭다	이롭다
증권	상승	약보합세	소폭 상승	강보합세	강보합세	내린다
질병	어른 곤란	낫는다	병세 반복	외국 치료	수술한다	쾌유 가능
출마	낙선	여자 당선	낙선	당선	당선	낙선
출산	산모 위태	여아 순산	남아	여아 난산	남아 순산	여아
취직	안된다	여자 이룸	희망적	이룸	이룸	된다
혼인	돼도 늦다	女 짝사랑	미정	늦게 가망	남자 이룸	남자 이룸

□ 단사

한걸음 물러나 정신수양이나 고문 등의 역할을 하면 좋지만, 새로운 일을 시작하거나 물질적인 이익을 얻으려고 하면 낭패가 따른다.

21. 火雷噬嗑(䷔)

	초구	육이	육삼	구사	육오	상구
가출	서남방	색정관계	남쪽	동북방	서북	감옥
개업	불리	불리	흉하다	불리	무해하다	흉하다
기후	고온 다습	천둥, 폭우	맑다	맑고 흐림	고기압	천둥 번개
매매	어렵다	성립	방해 받음	성립	성립	성립 안됨
사업	활력 없다	조금 이룸	주의하라	나중 편안	성공	부도남
소망	어렵다	小事 성사	주변 장애	점차 이룸	된다	못 이룸
소송	패소 우려	패소	흉계 있다	고민 많음	승소	나쁜 승소
시험	낙방	여자 합격	낙방	합격	합격	낙방
실물	서남쪽	서쪽	남쪽	동북	서북	도둑 소행
여행	못간다	서쪽 무해	해를 당함	이롭다	길하다	불가
전업	불리	불리	흉하다	불리	무해	흉하다
재수	없다	조금 이로움	없다	좋다	있다	없다
증권	약보합세	약보합세	오른다	강보합세	강보합세	강보합세
질병	발턱 주의	수술 안함	수술함	많이 허약	혈액 부족	결국 사망
출마	낙선	어렵다	낙선	겨우 당선	당선	낙선
출산	남아	여아 난산	남아	여아	남아 순산	여아
취직	어렵다	여자 된다	방해 있다	성취	이룬다	불가
혼인	좋지 않음	성사 힘듬	음모 있다	계속 교제	연애 이룸	불리

□ 단사

입안의 물건을 씹어 합하면 몸을 기를 수 있어 좋지만, 먹지 못하면 오히려 해가 된다. 따라서 열의와 정성으로 하여야만 사회의 모든 폐단을 다스릴 수 있다.

22. 山火賁(☲☶)

	초구	육이	구삼	육사	육오	상구
가출	돌아온다	서북	동쪽	색정관계	색정관계	서남
개업	작게 시작	불가	좋다	좋다	길하다	불가
기후	황사현상	맑고 한랭	천둥 번개	맑다	바람	안개 다습
매매	안된다	성립	二人 방해	서둘러야	된다	성립
사업	점진적	上事 동업	방해 극복	과감 추진	성공	작게 진행
소망	지속 노력	이룬다	유혹 제거	속전 속결	이룬다	이룸
소송	끌게 된다	승소	유리	신속 승소	상대 강함	화해
시험	늦게 합격	합격	불합격	합격	합격	합격
실물	동북	서북	동쪽	남쪽	동남	서남
여행	멀리간다	보통	보통	여자 만남	길하다	불리
전업	불가	안된다	좋다	좋다	길하다	불가
재수	나중 있음	득이 있다	보통	보통	있다	보통
증권	소폭 오름	크게 오름	오른다	강보합세	하락	크게 내림
질병	점차 치유	점차 악화	점차 회복	합병증	만성	치유 안됨
출마	훗날 기약	위태	격전 예상	고전 당선	당선	당선
출산	남아 난산	여아 순산	남아	여아 순산	남아	여아 평산
취직	늦게 성사	이룸	안된다	된다	이룬다	출판계통
혼인	손실 많음	上土 혼인	연애 성립	급히 이룸	경사 있다	더디다

□ 단사

실질적인 부와 실력이 부족한 사람이 외양에만 급급하여 허세를 부리다 손해를 볼 수 있으니, 큰일을 삼가고 작은 일에 충실하면 길하다.

23. 山地剝(䷖)

	초육	육이	육삼	육사	육오	상구
가출	동쪽	북쪽	동북	흉하다	색정관계	서남방
개업	불가	불가	불가	불가	좋다	하지 마라
기후	날씨 변덕	비옴	흐리다	맑다	구름, 바람	음습 불쾌
매매	안된다	성립 안됨	성립 안됨	성립 안됨	성립	이룸
사업	불황	불황	겨우 유지	부도 난다	신출발	구업 지속
소망	어렵다	외롭다	반반	재앙 다침	솔선수범	이룸
소송	패소	힘든 승소	화해	유리한 편	어렵다	화해
시험	불합격	불합격	낙방 가능	몸 다침	합격	합격
실물	동쪽	북쪽	동북방	남쪽	동남방	서남방
여행	막힌다	외롭다	동북무방	다친다	길하다	길하다
전업	불가	불가	불가	불가	좋다	하지 마라
재수	없다	없다	평이	손해	얻음 있다	소득 크다
증권	오른다	약보합세	소폭 오름	강보합세	내린다	크게 내림
질병	점차 화복	허리 아픔	큰 병원	치유 곤란	심하다	만성
출마	낙선	낙선	낙선	낙선 다침	당선	당선
출산	남아	여아 순산	남아 평산	수술 여아	남아	여아 평산
취직	희망 없다	희망 없다	소회사	안된다	이룸	이룸
혼인	안된다	헤어짐	여자 성립	문제 많다	늦어짐	결혼 약속

□ 단사

생활은 불안정하나 좌절하지 마라. 최종 한가닥 희망이 있으니 바로 **碩果不食**이다. 함부로 다니지 마라. 때가 오면 자신도 그 방향을 얻고, 집안이 편해진다.

24. 地雷復(☷☳)

	초구	육이	육삼	육사	육오	상육
가출	서남방	서쪽	남쪽	동쪽	북쪽	동북방
개업	크게 흥함	함께 이룸	불가	좋다	보통	불가
기후	다습	소나기	해가 난다	천둥	비온다	잔뜩 흐림
매매	성립	성립	어렵다	성립	성립	어렵다
사업	크게 번창	여자, 희망	불길	길하다	길하다	흉하다
소망	크게 이룸	귀인 도움	어렵다	이룬다	이룬다	흉하다
소송	승소	도움 요청	불리	어렵다	승소	화해
시험	합격	합격	어렵다	합격	합격	불합격
실물	서남방	서쪽	남쪽	동쪽	북쪽	동북방
여행	길하다	길하다	불리	길하다	길하다	길을 잃음
전업	하지 마라	여, 남따라	불가	좋다	보통	불가
재수	계속 좋음	길하다	빈손	좋다	있다	없다
증권	약보합세	약보합세	오른다	강보합세	내린다	강보합세
질병	여, 자궁암	치유	강, 약반복	치유	치유	가망 없다
출마	당선	당선	낙선	성립	당선	낙방
출산	남아	여아	남아유산	여아	남아순산	여아평산
취직	남자 이룸	여자 이룸	어렵다	이룬다	이룬다	못 이룸
혼인	남자 성립	늦어진다	심력 허비	늦게 이룸	이룬다	못 이룸

□ 단사

실의와 절망속에서 7년만에 그 모든 것을 회복한다. 잃었던 직장을 회복하고 빼앗겼던 가산을 되찾는다. 과거에 실패했던 일을 다시하면 성공한다.

25. 天雷无妄(☰☳)

	초구	육이	육삼	구사	구오	상구
가출	서남방	서쪽	남쪽	동남쪽	남쪽	서쪽
개업	소규모	필요 없다	불가	불가	길하다	흉하다
기후	고온 다습	큰 비 내림	해뜬다	맑고 바람	맑아짐	구름
매매	이룬다	이룬다	당함	늦게 이룸	성립	성립 안됨
사업	작은 규모	전개 된다	손실 있다	노력 유지	크게 이룸	실패
소망	이룬다	성사	횡액 가능	실패 않음	우연 성사	매사 안됨
소송	이긴다	화해 좋음	누명 송사	승소	패할 우려	화해
시험	노력 합격	합격	불합격	낙방	합격	낙방
실물	서남방	서쪽	입건 남쪽	동남쪽	남쪽	서쪽
여행	이롭다	길하다	흉하다	보통	이롭다	흉하다
전업	불가	필요 없다	불가	불가	길하다	흉하다
재수	늦게 소득	있다	손해 입음	보통	있다	없다
증권	약보합세	약보합세	오른다	내린다	강보합세	하락
질병	심하다	치유	마음 편히	지병 악화	치유	죽는다
출마	당선	당선	낙방	낙방	당선	낙선
출산	남아 순산	여아 순산	남아	여아	남아	여아 평산
취직	늦어진다	이룸	못이룸	불가	이룬다	안된다
혼인	별 뜻 없다	이룸	어려움	처음 사람	늦게 이룸	안됨

□ 단사 : 천둥소리가 갑자기 들리듯 불의의 일이 생기는 것이며, 잘못 움직이다 재앙이 생길 수 있다. 현명한 사람은 이런 때일 수록 자기 본성을 잃지 않고, 모든 사람에게 정직하게 대한다. 대체로 좋지 않은 운이다.

26. 산천대축(䷙)

	초구	구이	구삼	육사	육오	상구
가출	동남방	남쪽	서쪽	남쪽	동남방	서남방
개업	시기 관망	기다림	준비한 후	길하다	길하다	좋다
기후	바람	해 뜬다	흐리다	여름 폭염	바람	겨울 적설
매매	불가	미성립	늦게 이룸	방해 저지	방해 경계	이룸
사업	시기 관망	어렵다	일이 많다	외풍 막음	성공	크게 성공
소망	불리	희망 없음	철저 운영	유비무환	유비무환	크게 성공
소송	이긴다	패함	화해	유리	잘 대처함	화해
시험	낙방	불합격	노력 합격	합격	합격	합격
실물	동남방	남쪽	서쪽	남쪽	동남방	서남방
여행	동남방	남으로 감	이롭다	이롭다	이롭다	크게 이로움
전업	불가	불가	불가	어렵다	어렵다	필요 없다
재수	없다	없다	있다	유리	좋다	크게 좋다
증권	약보합세	오른다	약보합세	강보합세	내린다	크게 내림
질병	무리 마라	안정 요구	수련 치유	신경 안정	회복 가능	사망
출마	낙방	낙선	당선	당선	당선	당선
출산	남아	여아	남아 평산	여아 순산	남아 순산	여아 평산
취직	기다림	기다림	이룸	이룸	성취	이룸
혼인	성립	신경전	뜻이 없다	여, 남경계	힘든 혼사	늦다

□ 단사

집에서 식사할 겨를 없이 바쁘다. 많이 쌓기는 했으나 쓸 수 있을 때까지는 시일이 필요하다.

27. 山雷頤(䷚)

	초구	육이	육삼	육사	육오	상구
가출	서남방	서쪽	남쪽	남쪽	동남방	서남방
개업	불가	불가	불가	초기 시작	불가	불가
기후	고온 다습	무덥다	해난다	해난다	바람	습함
매매	못 이룸	못 이룸	못 이룸	이룸	이룸	성립
사업	부진	부진	부진	성립	小事 성립	크게 성사
소망	어렵다	못 이룸	못 이룸	일관성	事社, 길	크게 성사
소송	승소	패소	불리	유리	힘듬	화해
시험	불합격	불합격	불합격	낮춰야	합격	합격
실물	서남방	서쪽	남쪽	남쪽	동남방	서남방
여행	흉하다	흉하다	흉하다	보통	길하다	길하다
전업	불가	불가	불가	가하다	불가	불가
재수	없다	없다	없다	있다	있는 편	아주 좋다
증권	약보합세	약보합세	오름세	강보합세	내린다	크게 하락
질병	상태 나쁨	변, 불규칙	많이 피로	허약하다	차도 있음	큰 병 낫음
출마	낙선	낙선	낙선	열심, 된다	당선	당선
출산	남아 순산	여아 난산	남아	여아 순산	남아 난산	여아 평산
취직	못 이룸	못 이룸	못 이룸	낮춰야 함	된다	이룬다
혼인	추잡해짐	늦어진다	못 이룸	좋게 간다	늦어진다	여자 따름

□ 단사

말이나 음식물을 조심해야 한다. 사업으로 치면 상하가 힘을 합해 잘 이끌어 가는데, 중간에 방해자가 나타나 이간질하는 것을 조심해야 한다.

28. 澤風大過(☱☴)

	초육	구이	구삼	구사	구오	상육
가출	동북	색정관계	북쪽	북쪽	동쪽	서북방
개업	해도 된다	좋다	불가	좋다	불가	좋지 않다
기후	바람, 한랭	바람, 흐림	비 온다	비 온다	우뢰	고기압
매매	어렵다	이룸	못 이룸	외부 안됨	물른다	불가
사업	제사 지냄	부진	안된다	좋다	나중 실패	안된다
소망	기도하라	성공	못 이룸	잘된다	나중 나쁨	불가
소송	화해하라	승소	유리	어렵다	이긴다	화해
시험	기도하라	합격	불합격	바꿈, 안됨	합격	안된다
실물	동북	동북쪽	북쪽	북쪽	동쪽	서북방
여행	산기도 감	동남쪽	북쪽	북쪽	연하 남자	흉하다
전업	불가	해도 된다	불가	불가하다	반반	좋지 않다
재수	없다	좋다	없다	없다	크게 잃음	없다
증권	크게 오름	상승	약보합세	내린다	강보합세	강보합세
질병	기도, 낫음	명의 만남	악화	치유 안됨	눈, 통증	머리통증
출마	낙선	당선	낙선	낙선	위태	낙선
출산	남아	여아 순산	남아 순산	여아	자궁외	여아
취직	기도하라	이룬다	못 이룸	바꿈, 안됨	그만둔다	안된다
혼인	늦어진다	재혼이다	못 이룸	마음 불변	얼마 못 감	미성립

□ 단사 : 물질적으로 풍부하여 기쁨이 많을 때이다. 지위적으로도 높이 승진하여 사람을 많이 거느리고 큰일을 할 때이나 자칫 방종과 과신으로 인한 실수가 우려된다. 깊이 생각한 후에 움직여라.

29. 重水坎(䷜)

	초육	구이	육삼	육사	구오	상육
가출	서쪽	서남방	동남방	서쪽	서남방	동남방
개업	불가	흉하다	흉하다	좋다	새 출발	불가
기후	장마	비, 습함	비바람	폭우	비, 음습	비, 바람
매매	미성립	이룬다	못 이룸	성립	성립	못 이룸
사업	유지 곤란	小事 성취	구업 유지	교제 잘함	새 출발	부진
소망	곤궁 처함	조금 이룸	희망 없다	도전	크게 바람	곤궁 처함
소송	유리, 험악	패함	불리	유리	패소	죄, 심판
시험	불합격	낮춰 된다	합격	합격	합격	불합격
실물	서쪽	서남방	동남방	서쪽, 찾음	서남방	동남방
여행	흉하다	보통	흉하다	길하다	길하다	흉하다
전업	불가	현업 유지	흉하다	좋다	새 출발	불가
재수	잃음	조금 얻음	손해	조금 얻음	조금 얻음	잃다
증권	약보합세	약보합세	약보합세	내린다	크게 내림	하락
질병	위태	조금 낫다	호전반복	조금 낫다	현상유지	죽는다
출마	낙선	위태	낙선	낙선	당선	흉하다
출산	남아	여아	남아	여아	남아 난산	여아
취직	못 이룸	낮춰 해라	불가	된다	성립	못 이룸
혼인	험난	못 이룸	성사 곤란	성립	늦어짐	재력 손실

□ 단사

새로운 사업이나 확장은 금물이다. 학문이나 종교에 마음을 두고, 술이나 여색을 삼가라.

30. 重火離(☲)

	초구	육이	구삼	구사	육오	상구
가출	동북방	서북방	동쪽	동북방	서북방	동쪽
개업	작게 좋다	구업 유지	고심상태	불가	불가	필요 없다
기후	맑고 흐림	맑고, 한랭	맑고, 따뜻	맑다 흐림	맑고, 한랭	번개 천둥
매매	안됨	성립	불가	불가	성립	성립
사업	소규모	기술개발	크게 노력	패한다	구업 유지	총력전개
소망	조심성	크게 이룸	고난 예상	포기	성실, 이룸	결국 이룸
소송	불리	이김	유리	불리	승소	유리
시험	낙방	합격	낙방	낙방	열심, 합격	합격
실물	동북방	서북방	동쪽	동북방	서북방	동쪽
여행	조심	길하다	흉하다	흉하다	길하다	길하다
전업	불가	구업유지	어렵다	불가	불가	필요 없다
재수	보통	얻음	잃음	완전 손실	얻음	득이 있다
증권	소폭 오름	폭등	오른다	강보합세	강보합세	강보합세
질병	정숙 요함	회복	마음 안정	죽는다	마음 안정	중증
출마	낙선	당선	낙선	낙선	당선	당선
출산	남아 난산	여아 순산	남아	여아 사산	남아 순산	여아 순산
취직	안됨	된다	불가	안된다	된다	된다
혼인	손실 큼	이룸	된다	돌발사고	이뤄짐	된다

□ 단사

자신의 영리함과 처해있는 상황이 화려함만을 믿고 일을 무리하게 강행하면 여러 가지 손실이 우려된다. 문서나 옥에 갇히는 일 등을 조심해야 한다.

31. 澤山咸(䷞)

	초육	육이	구삼	구사	구오	상육
가출	색정관계	색정관계	서남방	북쪽	동쪽	서북방
개업	해도 좋다	구업유지	불가	업종 바꿈	불가	하지 마라
기후	흐림 맑음	흐림, 바람	흐림, 습	비 온다	비, 개임	흐림 한랭
매매	되지 않음	안된다	반반	안됨	성립	시비한다
사업	나아간다	진전 없다	매사 조심	분주할 뿐	지속 진행	입조심
소망	교제 가망	안정 요함	집안부터	바쁘기만	욕심 버림	구설수
소송	유리 조건	패함	화해하라	피차 변경	이긴다	화해하라
시험	불합격	불합격	낮춰하라	가능, 갈등	합격	낙방
실물	남쪽	동남방	서남방	북쪽	동쪽	서북방
여행	길하다	흉하다	흉하다	길하다	길하다	흉하다
전업	불가	구업유지	무해무득	또 옮김	이해반반	하지마라
재수	적게 바람	보통	반반	반반	얻음	구설수
증권	점차 오름	약보합세	내린대로	하락	강보합세	강보합세
질병	침 맞다	몸을 편히	위궤양	자주 발작	상체 불편	삼초, 열
출마	차기 도전	낙선	낙선	노력, 가능	당선	구설수
출산	남아순산	여아	남아평산	여아, 쌍둥	남아순산	여아 평산
취직	안됨	안됨	어렵다	오래 못함	된다	구설수만
혼인	성사가능	시일필요	의사동일	만나기만	성사	다툼

□ 단사

남녀뿐이 아니라 정치교육 모든 문제에 서로가 마음을 비우고 대한다. 혼인이 성립되고 남녀가 교합하는 괘다.

32. 雷風恒(䷟)

	초육	구이	구삼	구사	육오	상육
가출	서북쪽	동북	북쪽	서남쪽	서쪽	남쪽
개업	흉하다	中 유지	하지 마라	불가	남자 불가	하지 마라
기후	바람, 한랭	바람, 흐림	바람, 비	안개, 습	비, 가끔	해 난다
매매	미성립	성립	미성립	미성립	남자 안됨	미성립
사업	진척 없다	진전 있다	부진	부도 난다	남자 부진	실패
소망	기대 마라	희망적	기대 마라	희망 없다	여자 희망	전무
소송	크게 패소	승소	유리	이긴다	남자 패소	불리
시험	불합격	합격	불합격	불합격	남자 안됨	불합격
실물	서북쪽	동북쪽	북쪽	서남쪽	여자 찾음	흔적 없다
여행	흉하다	길하다	흉하다	흉하다	남자 흉함	흉하다
전업	좋다	불가	하지 마라	불가	남자 전업	하지 마라
재수	없다	있다	손해 본다	손해 본다	여자 유리	손해 본다
증권	크게 오름	점차 상승	약보합세	큰 손해 봄	하락	강보합세
질병	고질병	점차 회복	단전호흡	식음전폐	부인 낫다	의식 흐림
출마	낙선	당선	낙선	낙선	여자 당선	낙선
출산	임신 곤란	여아 순산	남아 순산	여아 사산	남녀, 쌍둥	야아 유산
취직	안된다	된다	안된다	안된다	남자 안됨	안됨
혼인	어렵다	성사	오래 못감	공허할 뿐	남자 안됨	안됨

□ 단사

공자는 이 괘를 보고, 자기가 서 있는 장소를 바꾸지 말라고 하였다.

33. 天山遯(䷠)

	초육	육이	구삼	구사	구오	상구
가출	남쪽	동남방	서남쪽	동남방	남쪽	서쪽
개업	불가	구업 유지	불가	불가	규모 바꿈	변호사
기후	해난다	바람	습열	바람	해난다	고기압
매매	못 이룸	이룸	못 이룸	안된다	이룸	성립
사업	부진	노력 진전	소규모	조금 진척	발전적	크게 이룸
소망	어렵다	희망적	소규모	보통	안정적	크게 바람
소송	유리	패할 우려	승부 없다	이긴다	패소 우려	멀리 함
시험	불합격	합격	불합격	남자합격	합격	합격
실물	도둑 잡다	못 찾음	서남쪽	동남방	남쪽, 찾다	서쪽
여행	불가	길하다	흉하다	길하다	길하다	길하다
전업	하지 마라	구업 유지	불가	좋다	불가	이동
재수	없다	있다	반반	없다	좋다	무관
증권	오른다	약보합세	약보합세	반반	강보합세	내린다
질병	거동 불편	치유가능	신경안정	산, 휴양	자가 치료	잘못 위독
출마	낙선	억척 당선	낙선	낙선	당선	뜻이 없다
출산	남아 순산	여아 난산	남아 평산	여아 순산	남아 난산	양자 들임
취직	안된다	이룸	소기업	여자 안됨	이룸	구애 없음
혼인	성사	어렵다	여자 안됨	여자 성사	어렵다	인연 희박

□ **단사** : 정당한 의견이나 희망이 받아들여지지 않는 때로 쇠퇴하는 운이다. 이별하거나 재산을 잃는 등 불의의 재난이 많은 시기로, 체면불고하고 일시적으로 피함이 후일의 광명을 기약하는 일이다.

34. 雷天大壯(䷡)

	초구	구이	구삼	구사	육오	상육
가출	동남방	남쪽	서쪽	서남쪽	서쪽	남쪽
개업	소규모	현업 유지	안됨	좋다	좋다	하지 마라
기후	바람	해난다	소나기	고온 다습	소나기	해 난다
매매	미성립	이룸	못이룸	이룸	이룸	미성립
사업	부진	급히 안됨	자만 실패	진전 있다	추진하라	부진
소망	어렵다	점차 이룸	허망함	승승장구	희망적	희망 없다
소송	자제한다	어렵다	화해 좋다	승소	패할 우려	불리
시험	불합격	합격	불합격	합격	합격	불합격
실물	찾지 못함	남쪽	서쪽	서남쪽	서쪽	남쪽
여행	흉하다	길하다	흉하다	길하다	길하다	가지 않음
전업	불가	현업 유지	안됨	좋다	좋은 방향	하지 마라
재수	없다	반 吉	없다	좋다	이득 봄	불리
증권	약보합세	크게 오름	약보합세	상승, 하락	내린다	강보합세
질병	하체 불편	현상유지	심하다	악화	수술한다	깨어남
출마	낙선	당선	낙선	당선	당선	낙선
출산	남아 순산	여아 난산	남아 평산	여아 순산	남아	여아
취직	안됨	된다	안됨	이룸	된다	안됨
혼인	이룸	늦어진다	낮추면 됨	오해 풀림	늦어진다	어렵다

□ 단사

시끄러운 마찰음이 많이 나는 때이다. 그러나 힘이 있더라도 자중하고 바르게 행하여야 한다. 운세가 너무 과강하여 파국으로 치달을 수도 있다.

35. 火地晉(䷢)

	초육	육이	육삼	구사	육오	상구
가출	동쪽	북쪽	동북쪽	동북방	서북	동쪽
개업	시기상조	시작함	급히 안됨	못한다	길하다	좋지 않다
기후	습, 개임	비온다	습, 구름	흐린다	고기압	맑다
매매	끝다 됨	이룸	된다	안된다	성립	반반
사업	따라 해라	점진적	나중 잘됨	어렵다	진전	부도 후회
소망	기다린다	성취	함께 성취	절망적	나중 이룸	후회만
소송	포기하라	잘 풀림	도와 준다	어렵다	승소	신중해야
시험	성적 미달	낮춰 합격	어렵다	불합격	합격	불합격
실물	동쪽	북쪽	동북쪽	동북방	서북쪽	동쪽
여행	불리	다녀 온다	길하다	흉하다	좋다	흉하다
전업	안됨	하지 마라	불가	불가	길하다	흉하다
재수	보통	조모 유산	좋다	없다	좋다	없다
증권	조금 오름	내림, 안정	오른다	강보합세	강보합세	강보합세
질병	병세 반복	낫는다	적당 운동	고질병	병死	마음안정
출마	낙선	당선	당선	낙선	당선	낙선
출산	남아 난산	여아 순산	남녀, 쌍둥	여아	남아	여아
취직	아직 이름	좋게 된다	된다	안됨	이룸	못 이룸
혼인	기다린다	이룬다	반반	안됨	이룸	좋지 않음

□ **단사** : 관직에 있는 자는 융숭한 포상을 받고, 학문을 하는 자는 많은 지식을 쌓는다. 날이 새고 해가 뜨니, 문밖을 나가 활동하여 많은 소득이 있다. 입신출세 하는 괘요, 태평을 구하는 괘다.

36. 地火明夷(☷☲)

	초구	육이	구삼	육사	육오	상육
가출	동북방	서북방	동쪽	동쪽	북쪽	동북방
개업	흉하다	시기 관망	성공	불가	좋다	안됨
기후	다소 흐림	고기압	맑다	천둥 번개	비 온다	구름, 습
매매	중간 와해	성립	이득 봄	미성립	미성립	흉하다
사업	고지식 흠	전화위복	성공적	어렵다	나중 좋음	후회
소망	뜻을 세움	결국 성취	대성	성취 곤란	항구성	절망적
소송	불리	승소	크게 승리	패한다	승소	화해
시험	불합격	합격	합격	불합격	합격	불합격
실물	동북방	서북방	동쪽	동쪽	북쪽	동북방
여행	산, 들어감	갈 수 없다	좋다	무사하다	평이	흉하다
전업	흉하다	흉하다	이룬다	불가	해도 좋다	안됨
재수	없다	얻음	크게 얻음	손실 있음	조금 얻다	크게 잃음
증권	소폭 오름	상승세	폭등한다	강보합세	내린다	강보합세
질병	유언 사망	자연치유	투지 회복	이겨냄	자연 치유	사망
출마	낙선	차기 성사	쉽게 당선	낙선	시기상조	낙선
출산	남아	여아	출중 남아	여아	남아	여아 평산
취직	포기한다	된다	이룸	안됨	이룸	못 이룸
혼인	흉하다	기다린다	통상 성사	가출	욕심 금물	후회함

□ **단사** : 남보다 지혜가 많으니 동료가 이를 시기한다. 내용도 모르고 외관만으로 일을 분별하다가는 실패를 초래한다. 자신이 갖고 있는 재물이나 지혜를 잘 감추어 두는 것이 재난을 막는 길이다.

37. 風火家人(☴☲)

	초구	육이	구삼	육사	구오	상구
가출	동북방	서북	동쪽	서북	동북방	북쪽
개업	자립 곤란	하지 마라	좋다	좋다	구업 유지	하지 마라
기후	흐린다	한랭	맑다	한랭	흐린다	비온다
매매	이룸	이룸	못 이룸	이룸	성립	이룸
사업	가내업	진전 있음	위엄 과시	진전 있다	잘된다	보통
소망	희망 없다	이룸	어렵다	가망 있다	크게 바람	무해 무득
소송	하지 마라	승소	유리	패색 짙다	승소	유리
시험	노력해라	합격	불합격	노력합격	합격	낮춰 된다
실물	큰 병 아님	서북쪽	동쪽	서북	동북방	북쪽
여행	좋지 않다	무사	보통	길하다	대길	좋다
전업	하지 마라	좋다	좋다	좋다	필요 없다	하지 마라
재수	없다	좋다	반반	크게 얻음	크게 얻음	조금 이로움
증권	오를 기미	크게 오름	오른다	강보합세	강보합세	내린다
질병	큰 병 아님	집안 요양	급히 치료	점차 호전	회복함	투병 회복
출마	낙선	여자 당선	낙선	당선	당선	당선 가능
출산	남아	출중 여아	남녀, 쌍둥	여아 난산	남아 순산	여아 순산
취직	이르다	된다	어렵다	된다	된다	된다
혼인	혼기 안됨	남자 좋음	성립됨	길한 혼인	성사	재혼

□ 단사 : 주로 가정호합의 괘이다. 부부가 일심동체로 움직이면 운이 열려 번창하여 즐거움이 가득하다. 새로운 사업보다는 구업을 지키며, 앞장서 하기보다는 뒤에서 잘 따르며 화합을 우선으로 해야 한다.

38. 火澤睽(☲☱)

	초구	구이	육삼	구사	육오	상구
가출	돌아온다	동쪽	서북	동북	서북	동쪽
개업	중도 좌절	도움 받다	하지 마라	흉하다	동업 좋다	좋지 않다
기후	비 온다	흐린다	고기압	구름	고기압	구름 걷힘
매매	손해 본다	이룸	못 이룸	종국 달성	이룸	오해 풀림
사업	나중에 됨	조심해야	고진감래	동지 함께	동업 성공	계속해야
소망	때가 되면	희망적	계속 전진	혼자 힘듬	성취	끝에 이룸
소송	불리	이김	오해 풀라	화해하라	승소	오해 풀림
시험	성적 부실	낮춰 합격	불합격	불합격	합격	불합격
실물	북쪽	동쪽	서북쪽	동북	서북	동쪽
여행	고통 따름	동으로 감	흉하다	길하다	길하다	나중 길함
전업	시기 관망	기존 확대	좋지 않다	해볼만	변경한다	좋지 않다
재수	없다	득이 있다	나중 얻음	조금 있다	좋다	나중 얻음
증권	약보합세	차츰 오름	크게 오름	강보합세	강보합세	강보합세
질병	합병증	촌으로 감	조금 낫다	치유됨	회춘 곤란	점차 회복
출마	적과 동침	된다	낙선	낙선	당선	격전 당선
출산	남아 난산	여아 순산	여아 평산	남아 난산	여아 순산	여아 순산
취직	차기 달성	이룸	안됨	안됨	이룸	안됨
혼인	못 이룸	성사	어렵다	다소 손실	성사됨	성사

□ 단사

불유쾌한 일이나 쟁론이 일어나며 자신의 뜻이 꺾이는 수가 있으므로 내부단속을 잘해야 한다. 만사에 어긋난 처지에 있으므로 큰일을 도모해서는 안된다.

39. 水山蹇(䷦)

	초육	육이	구삼	육사	구오	상육
가출	남쪽	동남방	서남방	서쪽	돌아온다	동남방
개업	하지 마라	안된다	가내업	동업 가능	길하다	도움 요구
기후	해난다	바람	흐리고, 습	비, 흐림	비, 다습	바람
매매	성사 곤란	어렵다	어렵다	협력 성립	성립	이룸
사업	발전 희박	진전 없다	소규모	혼자 곤란	흥한다	도움 받음
소망	성취 곤란	성취 곤란	어렵다	함께 타개	성취	이룸
소송	유리	중지해야	하지 마라	연합 승리	고집 위태	불리
시험	불합격	낙방	불합격	불합격	합격	합격
실물	남쪽	동남방	서남방	서쪽	찾는다	찾게 된다
여행	흉하다	흉하다	불길	불가	길하다	보통
전업	하지마라	안된다	불가	주식회사	길하다	도움 요구
재수	없다	없다	소득 없음	연합소득	크게 얻음	있다
증권	오를 기미	약보합세	약보합세	하락	크게 내림	내림
질병	안정 취함	음식주의	집에 휴식	낫게 된다	발에, 병	치유
출마	낙선	어렵다	낙방	낙선	당선	당선
출산	남아	여아	남아 평산	여아	남아	여아
취직	안됨	안됨	안됨	안됨	이룸	이룸
혼인	늦게 이룸	어렵다	점차 이룸	근접 이룸	늦게 이룸	좋지 않음

□ 단사

어려움이 계속해서 겹치는 운으로, 이성과 지혜를 모아 현상유지를 하도록 노력해야 한다.

40. 雷水解(䷧)

	초육	구이	육삼	구사	육오	상육
가출	서쪽	서남방	동남방	남쪽	서쪽	남쪽
개업	차차 시작	길하다	불가	소규모	길하다	하지 마라
기후	비, 흐림	비, 습	비, 바람	천둥	천둥, 흐림	해 난다
매매	안됨	성공	안됨	불가	이룬다	못 이룸
사업	고비 넘김	성공적	안 풀림	진전 없다	노력한다	역량 발휘
소망	아직 이름	희망적	어렵다	반반	너그럽게	계속 전진
소송	유리	어렵다	불리	재시작	패소 염려	불리
시험	노력해야	합격	낙방	재시작	합격	시기 관망
실물	서쪽	서남방	도둑 소행	남쪽	서쪽	남쪽
여행	보통	길하다	흉하다	보통	길하다	무해 무득
전업	불가	길하다	불가	원점	길하다	하면 안됨
재수	없다	크게 얻음	없다	점차 있다	얻다	뒤에 좋다
증권	약보합세	약보합세	약보합세	크게 내림	내린다	강보합세
질병	회복	쾌유	악화	쾌유	점차회복	치유
출마	낙선	당선	낙선	낙선	당선	당선
출산	남아	여아	유산	여아	남아	여아
취직	시기 관망	된다	안됨	재도전	된다	능력 배양
혼인	가능	늦어진다	사기 당함	소개, 이룸	성사	미룬다

□ 단사

평이한 서남쪽을 가듯 조금도 어려움 없이 완전히 해결되고, 원래의 모습을 되찾는다. 봄바람에 눈 녹듯 모든 과거의 잘못을 너그럽게 용서해야 한다.

41. 山澤損(䷨)

	초구	구이	육삼	육사	육오	상구
가출	북쪽	동쪽	서북	남쪽	동남	서남
개업	작은규모	필요없다	3인개업	하지마라	유력인사	크게시작
기후	비온다	천둥	고기압	해난다	바람분다	고온다습
매매	조금손해	이룸	이룸	못이룸	이룸	이룸
사업	적게하라	현상유지	1인독립	적자다	진전있다	크게운영
소망	가망있다	中正유지	이룸	병고침	이룸	이룸
소송	양보한다	승소	화해	변호사要	그만둠	화해
시험	불합격	중간지원	불합격	낮게지원	합격	합격
실물	북쪽	동쪽	서북	남쪽	동남	서남
여행	무해무득	불리	금전소비	보통	길하다	길하다
전업	하지마라	필요없다	합작	바꿔봄	하지마라	하지마라
재수	조금잃다	반반	잃고얻음	손실있음	얻음있다	크게얻음
증권	약보합세	오른다	큰폭상승	강보합세	차츰내림	큰폭내림
질병	차도있다	낫는다	휴식요함	점차회복	합병증	심해짐
출마	낙선	시기상조	낙선	낙선	당선	당선
출산	남아	여아	남아	여아	남아	여아
취직	어렵다	아직이름	안된다	어렵다	된다	된다
혼인	결과피곤	이룸	이룸	빨리됨	늦게이룸	이룸

□ 단사 : 손해를 보고 가진 것이 없을 수록 신의를 지켜야 하며, 쓰임새를 검소하고 간략히 하면서 바르게 살아가야 한다. 현재는 손해를 보고 고통이 많더라도 나중에는 좋게 되니 끈기 있는 노력이 필요하다.

42. 風雷益(䷩)

	초구	육이	육삼	육사	구오	상구
가출	서남	서쪽	남쪽	서북	동쪽	북쪽
개업	농토 개간	하지 마라	해도 좋다	크게 벌임	온정 베품	하지 마라
기후	고온 다습	흐린다	해난다	한랭	구름 낌	비 온다
매매	이룸	이룸	못 이룸	다른 곳을	이득 있음	못 이룸
사업	농수산업	잘됨	진전 없다	일이 많다	크게 흥함	부도
소망	적게 바람	이룸	작은 바람	성사	크게 성공	절망
소송	결국 이김	화해	불리	어렵다	크게 소송	힘 얻음
시험	어렵다	합격	불합격	원서 바꿈	합격	불합격
실물	서남	서쪽	남쪽	서북	동북방	북쪽
여행	무해 무득	길하다	가면 흉함	장소 변경	길하다	흉하다
전업	하지 마라	하지 마라	하지 마라	할 만하다	구업 유지	하지 마라
재수	도움 있다	크게 있다	없다	반반	크게 좋다	크게 잃음
증권	약보합세	보합세	상승	강보합세	강보합세	하락
질병	음식 조절	몸을 편히	악화	병원 옮김	적당 운동	차츰 회복
출마	낙선	당선	위태롭다	차기 엿봄	당선	낙선
출산	남아	여아 난산	남아	여아 난산	출중 남아	여아
취직	어렵다	된다	안됨	지망 바꿈	된다	안됨
혼인	가능	늦다	길혼 아님	어렵다	이룸	순조

□ 단사 : 마음이 불안정하고 과단성이 결여된 감이 있다. 또 형체가 없는 괘이므로 겉으로만 화려하고 실속이 없는 경우가 많으며, 뿌리가 없는 형상이니 불의의 재난, 주변 인물의 변심 등을 조심해야 한다.

43. 澤天夬(䷪)

	초구	구이	구삼	구사	구오	상육
가출	동남	남쪽	서쪽	북방	동쪽	서북
개업	급히 불가	좋다	하지 마라	불가	여자 주의	불리
기후	바람	맑다	홍수, 눈	비 온다	천둥 번개	한랭
매매	안 된다	성립	성립	안됨	이룸	안됨
사업	능력 맞게	도와줌	여자 주의	고집 버림	점차 회복	부도냄
소망	분수 맞게	이룸	매진하라	경청 요함	결단 요구	어렵다
소송	승소	자중	화해	부담됨	승소	어렵다
시험	성적 미달	합격	공부 열중	낙방	합격	불합격
실물	동남	남쪽	서쪽	북방	동쪽	서북
여행	하지 마라	이롭다	보통	가지 마라	이롭다	불리
전업	불리	구업 유지	여인주의	남 존중	결단 요구	불리
재수	못 얻음	있다	보통	없다	있다	없다
증권	약보합세	오른다	약보합세	지속 하락	강보합세	강보합세
질병	오래 감	심해짐	투병	가슴 뜀	신경 안정	심각
출마	낙선	당선	여자 조심	낙선	당선	낙선
출산	남아	여아 난산	남아	여아	남아	여아
취직	아직 이름	이룸	여자 단절	안됨	된다	안됨
혼인	이룸	힘든 이룸	이룸	잘 안됨	성립	여자 곤란

□ 단사

결단할 것은 결단하라. 악의 뿌리는 뽑아야 후환이 없다. 상대의 죄상을 폭로하고 자신의 억울함을 호소한다. 그러나 보복을 삼가고 관용을 베풀어라.

44. 天風姤(䷫)

	초육	구이	구삼	구사	구오	상구
가출	서북	동북	북쪽	동남	남쪽	서쪽
개업	불가능	유리	불가능	돈만 날림	해도 무방	안됨
기후	한랭	흐린다	비 온다	바람	맑다	개인다
매매	불가	된다	안됨	안됨	성립	안됨
사업	진전 없다	대성함	발전 못함	빈손 됨	대성	지나치다
소망	못 이룸	이룸	못 이룸	못 이룸	덕망 있음	못 이룸
소송	패, 감옥	이김	못마땅함	승소	덕으로	화해
시험	불합격	합격	불합격	불합격	합격	불합격
실물	서북	동북	북쪽	동남	남쪽	서쪽
여행	불리	이롭다	불리	불리	크게 이룸	가지 마라
전업	할 수 없다	합쳐짐	불가능	돈만 날림	해도 무방	안된다
재수	없다	크게 이룸	불리	없다	크게 얻음	없다
증권	강보합세	소폭 오름	약보합세	하락	강보합세	하락
질병	중풍	쾌유	낫는다	조금 차도	머리 식힘	살기 곤란
출마	낙선	여자 도움	낙선	낙선	당선	낙선
출산	임신 불가	여아	남아	유산	출중 남아	여아
취직	안됨	이룸	못 이룸	속는다	잘됨	안됨
혼인	여자 곤란	연애 결혼	이룸	여자 성립	늦게 이룸	맞지 않음

□ 단사 : 원치도 않은 일에 휘말리는 것을 주의하라. 경쟁자가 많아 일을 진행시키기가 어려우나, 그렇다고 수단방법을 가리지 않으면 주변의 걱정하는 말을 듣는다. 작은 일은 이루어지나, 큰일은 성사되기 어렵다.

45. 澤地萃(䷬)

	초육	육이	육삼	구사	구오	상육
가출	동쪽	북쪽	동북	북쪽	동쪽	서북
개업	어렵다	윗선 도움	후회	불가	해도 좋다	안된다
기후	천둥	비 온다	흐린다	비 온다	개인다	한랭
매매	안됨	성립	안된다	이룸	이룸	안됨
사업	곤란 처지	희망적	전망 없다	현상 유지	성취	부도남
소망	의지대로	윗선 합의	슬퍼한다	현재 만족	믿음 유지	절망적
소송	승소 곤란	승소	화해	중지 요구	승소	포기
시험	불합격	합격	낙방	낮춰 지원	합격	낙방
실물	동쪽	북쪽	동북	북쪽	동쪽	서북
여행	불리	이롭다	불리	반반	이롭다	불리
전업	미련 버림	위선 도움	절대 안됨	구업 유지	하지 마라	안된다
재수	없다	얻다	없다	반반	얻음 있다	없다
증권	오른다	약보합세	소폭 오름	내린다	강보합세	강보합세
질병	찬물 씻다	낫는다	약을 쓴다	마음 편히	급히 치료	약을 쓴다
출마	낙선	당선	낙선	낮춰 당선	당선	낙선
출산	남아 난산	여아	남아	여아	남아	여아
취직	안된다	이룬다	안된다	눈 낮춘다	된다	안된다
혼인	여자 방해	좋다	어렵다	손실 있다	이룸	말만 많다

□ 단사

사리사욕을 억제하고 구설이나 논쟁을 피하며, 성심성의로 나가면 크게 성공한다.

46. 地風升(䷭)

	초육	구이	구삼	육사	육오	상육
가출	서북	동북	북쪽	동쪽	북쪽	동북
개업	좋다	해도 좋다	믿고 시작	필요 없다	희망적	실패
기후	고기압	흐린다	비 온다	개인다	비 온다	흐리다
매매	점차 이룸	이룸	된다	된다	된다	못 이룸
사업	조금 진전	성공적	믿고 추진	기도하라	성공적	욕심 실패
소망	다소 희망	희망적	의심 버림	기도하라	희망적	욕심 실패
소송	질 염려	이김	나중 이김	어렵다	이긴다	화해
시험	차기 엿봄	합격	가능 있음	기도, 합격	합격	낙방
실물	서북	동북	북쪽	동쪽	북쪽	동북
여행	남쪽으로	이롭다	탄탄대로	기도 간다	이롭다	불리
전업	하지마라	구업 유지	하지 마라	옮긴다	희망적	실패
재수	조금 있다	조금 있다	장차 있다	있다	얻음 있다	손해 있다
증권	큰폭 오름	상승세	약보합세	약보합세	내린다	강보합세
질병	심해짐	정신수양	안 심함	서산, 기도	입원 치료	만성질환
출마	아직 이름	당선	아직 이름	기도, 당선	당선	낙선
출산	남아 난산	여아	남아	아기 없음	출중 남아	여아
취직	후일 기대	된다	가능 있다	된다	된다	안된다
혼인	기다려야	이룬다	이룬다	배우자無	이룸	어렵다

□ 단사 : 지금까지 풀리지 않고 감추어져 있던 일이 광명천지에 드러난 때이니, 새로이 일을 계획하고 사업을 적극적으로 벌이는 것이 좋다. 자신의 능력발휘는 물론, 손윗사람의 도움을 얻어 일을 성사할 수 있는 좋은 시기이다.

47. 澤水困(☱☵)

	초육	구이	육삼	구사	구오	상육
가출	3년 못 봄	서남	동남	북쪽	동쪽	서북
개업	불가능	윗선 도움	할 수 없다	구업 유지	협조, 실천	안됨
기후	큰 비	비, 습	바람	비 온다	개인다	한랭
매매	안됨	늦게 이룸	못 이룸	더디다	성립	안됨
사업	진전 없음	점차 진전	사고 빈번	困하다	고진감래	부진
소망	못 이룸	점차 이룸	희망 없다	늦게 이룸	늦게 이룸	어렵다
소송	판결, 3년	패소 염려	불리	화해	이김	화해
시험	불합격	합격	불합격	노력 합격	합격	낙방
실물	서쪽	서남	동남	북쪽	동쪽	서북
여행	불리	이롭다	가면 사망	무해 무득	길하다	가지 마라
전업	할 수 없다	가능	할 수 없다	어렵다	필요 없다	빨리 옮김
재수	없다	있다	손해 있다	나중 있다	크게 있다	없다
증권	약보합세	약보합세	약보합세	내린다	강보합세	강보합세
질병	3년, 입원	단전호흡	가망 없다	고통	수술 좋다	심하다
출마	낙선	당선	낙선	위태	당선	낙선
출산	남아	여아 난산	남아	여아	남아	여아
취직	안됨	된다	희망 없다	결국 된다	가능	불가능
혼인	가능, 3년	늦다	한쪽, 사고	늦게 성립	연애, 이룸	잘 안됨

□ 단사 : 이 괘는 화분에 심은 나무격으로, 혼자서는 살아갈 수 없고 주변의 도움이 있어야 한다. 따라서 은인자중하여 힘을 기르면서 사람과 때를 기다리면, 의외의 길운이 올 수 있다.

48. 水豊井(䷯)

	초육	구이	구삼	육사	구오	상육
가출	서북	동북	북쪽	서쪽	서남	동남
개업	능력 안됨	안됨	도움 받다	새 출발	좋다	불필요
기후	맑다	흐린다	비 온다	흐리다	비, 습	바람
매매	안됨	안됨	성립	지연, 성사	이룸	된다
사업	안된다	부진	희망적	후일 기약	크게 이룸	대성
소망	희망 없다	허망	가망 있다	기다려라	희망적	크게 이룸
소송	패소	겨우 승소	지연 승소	방법 바꿈	패소 우려	불리
시험	성적 미흡	불합격	차기, 합격	과목 바꿈	합격	합격
실물	서북	동북	북쪽	서쪽	서남	동남
여행	불길	좋지 않다	이롭다	길하다	길하다	좋다
전업	능력 안됨	안됨	도움 받다	업소 바꿈	반반	불필요
재수	없다	없다	나중 있다	차차 있다	크게 얻음	크게 얻음
증권	잠시 상승	소폭 오름	약보합세	새로 투자	잠시 내림	내린다
질병	중풍 된다	동맥경화	점차 회복	수술함	오한 심함	신경 안 씀
출마	하락	낙선	차기, 당선	차기도 전	당선	당선
출산	남아 사산	여아	남아	여아	출중 남아	출중 남아
취직	자격 안됨	불가능	나중, 인정	지원, 옮김	성취	된다
혼인	안됨	이룸	점차 이룸	이룸	늦음	이룸

□ 단사 : 목적을 위하여 중도에 폐하지 말고 끝까지 노력한다. 정치나 사업 등 모든 일에 그 방법은 변동하더라도 본체는 바꾸지 않는다.

49. 澤火革(䷰)

	초구	육이	구삼	구사	구오	상육
가출	동북	서북	동쪽	북쪽	동쪽	서북
개업	초석 다짐	절호 기회	숙고 후	구업 추진	새로 시작	사람 주의
기후	황사현상	고기압	맑아진다	비 온다	개인다	한랭
매매	시기상조	성립	3번, 성립	성립	성립	속을 염려
사업	기반 구축	추진	신중 기함	혁신적	진전	좀 호전
소망	시기 상조	희망 가짐	3번, 숙고	새 일 시작	대성	달라짐
소송	화해	승소	3번, 승소	화해	승소	이중성격
시험	공부 더 함	합격	삼수	고쳐 응시	우수 합격	가능 있다
실물	동북	서북	동쪽	북쪽	동쪽	서북
여행	불리	크게 길함	길하다	이롭다	크게 길함	보통
전업	할 일 없다	때가 됨	3번, 이동	바꿔 본다	새로 옮김	해볼만
재수	소득 없다	있다	3번, 잃다	조금 있다	크게 있다	반반
증권	소폭 오름	큰 폭 오름	3번, 하락	하락	강보합세	강보합세
질병	고통 여전	종합진찰	3번, 사경	조금 회복	완전 치유	만성질환
출마	차기 도전	당선	3번, 낙선	겨우 당선	당선	농간주의
출산	남아	여아	아들, 셋	여아	출중 남아	여아
취직	능력 배양	된다	세 번 도전	장소 바꿈	성취	가능 있다
혼인	시기 상조	성립	3번, 선봄	피로함	성립	떠본다

□ 단사 : 지금까지 잘되지 않거나 부조리한 것을 버리고, 새 마음 새 뜻으로 바꾸자는 것이니, 치밀한 계획과 주변 사람의 협조 그리고 꾸준한 추진력으로 행해 나가면 크게 발달하고 번영한다.

50. 火風鼎(䷱)

	초육	구이	구삼	구사	육오	상구
가출	서북	동북	북쪽	동북	서북	동쪽
개업	여자 도움	불가	멀리 봄	망한다	발전적	길하다
기후	맑다	안개	비 온다	흐린다	맑다	구름
매매	여자 중개	못 이룸	아직 곤란	안됨	이룸	성립
사업	잘된다	여자 주의	점진적	실패, 감옥	진전	크게 발전
소망	이룸	방해 있다	점차 이룸	애석하다	이룸	크게 이룸
소송	패소	승소	점차 유리	힘 딸림	승소	유리
시험	여자 힘듬	합격 곤란	어렵다	낙선	합격	우수 합격
실물	서북	동북	북쪽	동북	서북	동쪽
여행	여자 동반	불리	반, 길	불길	길하다	길하다
전업	여자 합작	주의 요함	바꾼다	하면 망함	구업 추진	크게 좋음
재수	좋다	조금 있다	아직 없다	잃다	크게 얻음	크게 얻음
증권	큰 폭 오름	소 폭 오름	약보합세	강보합세	강보합세	강보합세
질병	수술 받음	체중 감소	조금 차도	괜찮다	신장, 열	혈압 위태
출마	당선	낙선	낙선	낙선	당선	쉽게 당선
출산	남아	여아	남아	여아 유산	남아	여아
취직	여자 곤란	여자 주의	안됨	안됨	이룸	좋다
혼인	남자 재취	성립	늦게 성립	손해 큼	이룸	이룸

□ **단사** : 장사를 하는 것에 비유하면, 취급품목이나 거래처만 바꾸어 보다 안전하고 실속 있게 이익을 추구한다. 그러나 자신만 이득을 보려하지 말고 상대방의 이득도 배려해야 잘 된다.

51. 重雷震(䷲)

	초구	육이	육삼	구사	육오	상육
가출	서남	서쪽	남쪽	서남	서쪽	남쪽
개업	길하다	조심 시작	흉하다	불길	왕성	하지 마라
기후	음습	흐리다	해 난다	저기압	구름	맑다
매매	된다	7개월 후	안된다	안됨	된다	안됨
사업	크게 이룸	고난 겪다	어렵다	부진	진전	안됨
소망	나중 이룸	한번 놀람	희망 없다	어렵다	이룸	안됨
소송	승소	7년 끈다	어렵다	어렵다	화해 유도	패소
시험	나중 합격	합격	낙방	낙방	합격	낙방
실물	서남	서쪽	남쪽	서남	서쪽	남쪽
여행	길하다	7일 후, 옴	흉하다	불리	길하다	불길
전업	무방	옮긴다	반, 길	불길	좋다	흉하다
재수	있다	나중 얻다	없다	없다	있다	잃다
증권	약보합세	약보합세	오른다	큰 폭 하락	하락	강보합세
질병	치유곤란	7일 회복	어렵다	마음 안정	구원 받음	혼수상태
출마	당선	7년, 당선	낙선	낙선	당선	낙선
출산	남아	여아	남아	여아	남아	여아
취직	된다	된다	안된다	안된다	된다	안됨
혼인	된다	늦게 성립	손실 많다	안된다	늦다	안됨

□ 단사 : 놀라운 일이나 급격히 벌어지는 일이 있고, 혹 도난을 맞는다. 열심히 하나 상대방이 잘 움직여 주지 않고, 혹 해를 끼칠 수 있으니 주의를 요한다. 장남이 제주가 되고 가통을 잇는다.

52. 重山艮(䷳)

	초육	육이	구삼	육사	육오	상구
가출	남쪽	동남	서남	남쪽	동남	서남
개업	소규모	불가능	실속 없다	기회 본다	길하다	대성
기후	해 난다	바람	저기압	해 난다	바람	고온 다습
매매	아직 곤란	안된다	가슴 조임	가능 보임	성립	성립
사업	능력따라	도움 받다	부진	새 출발	진전	크게 확장
소망	작게 이룸	희망 없다	갈림길	전망 있다	이룸	성공함
소송	유리	어렵다	화해	가망 있다	역전승	화해
시험	공부 전진	합격 곤란	불합격	차기 기대	합격	합격
실물	남쪽	동남	서남	남쪽	동남	서남
여행	불리	해롭다	흉하다	아직 별로	이롭다	크게 길함
전업	할 때 아님	흉하다	일이 없다	반반	협조함	필요 없다
재수	없다	없다	손해 크다	장차 가망	있다	크게 얻음
증권	상승세	약보합세	약보합세	강보합세	내린다	크게 내림
질병	해산후유	수술, 물리	고통 심함	증세심각	치유 곤란	중태다
출마	포기	낙선	애석하다	장차기대	당선	당선
출산	남아	여아	남아	여아	남아	여아
취직	시기 관망	어렵다	못 이룸	희소식	성립	된다
혼인	이룬다	어렵다	괴롭다	성사	늦게 됨	결혼 약속

□ 단사 : 수도자에게는 길한 괘이지만, 일반 사회인에게는 지체되어 막히는 운의 괘이다. 그러나 점차 좋아지는 뜻이 있으니 서서히 진출 기회를 기다리되 한 가지 일에만 전심하라.

53. 風山漸(☴☶)

	초육	육이	구삼	육사	구오	상구
가출	남쪽	동남	서남	서북	동북	북쪽
개업	점진적	앞날 촉망	불길	장소 선택	3년, 성공	대길
기후	해 난다	바람	저기압	고기압	흐린다	비 온다
매매	이득 없다	이룸	미성립	미지수다	이룸	성립
사업	나아짐	요식업 好	부진	실속 없다	성공적	크게 발전
소망	앞날 밝다	대성	희망 없다	처지 곤란	3년후	크게 이룸
소송	걱정 없다	패할 염려	화해하라	어렵다	지연 승소	유리
시험	낮춰 된다	합격	불합격	미결정	3년후	합격
실물	남쪽	동남	서남	서북	동북	북쪽
여행	몸조심	길하다	흉하다	길하다	길하다	길하다
전업	필요 없다	길하다	불길	가려 해라	3년후	크게 이룸
재수	소득 없다	소득 크다	불리	보통	얻는다	크게 얻음
증권	점차 오름	약보합세	약보합세	강보합세	강보합세	하락
질병	위태, 회복	음식주의	죽는다	자가 치료	3년, 회복	심하다
출마	낙선	당선	낙선	취사선택	겨우 당선	당선
출산	남아	여아	남아 유산	여아	남아	여아
취직	소규모	된다	안된다	자리 없다	3년후	된다
혼인	늦게 성립	늦게 성립	불륜관계	미결정	3년후	이룸

□ 단사

예정보다 조금 늦어지더라도 근심치 말고 끈기 있게 노력하면 성공한다. 이성문제 특히 혼사에 있어서는 예의에 어긋나지 않도록 정도를 따라야 한다.

54. 雷澤歸妹(䷵)

	초구	구이	육삼	구사	육오	상육
가출	북쪽	동쪽	서북	서남	서쪽	남쪽
개업	하지 마라	불가능	흉하다	멀리 보고	크게 시작	하지 마라
기후	비 온다	개임	고기압	저기압	구름	해 난다
매매	성립	재취로 됨	안된다	늦게 이룸	성립	불가
사업	자제해야	부진	안된다	늦게 진전	성공적	부진
소망	남을 도움	못이룸	못 이룸	늦게 이룸	성공적	실망
소송	화해	승소	화해	늦게 승소	불리	포기
시험	차점 합격	낙방	낙방	후기 합격	합격	불합격
실물	북쪽	동쪽	서북	서남	서쪽	남쪽
여행	불길	불리	불길	늦게 귀가	길하다	흉하다
전업	안된다	진전 없다	흉하다	어렵다	좋다	희망 없다
재수	조금 얻음	없다	잃음	늦게 있다	있다	없다
증권	약보합세	소폭 오름	큰 폭 상승	큰 폭 하락	내릴 기세	강보합세
질병	걷기 곤란	수술한다	치유 곤란	오래감	물리치료	위태
출마	차점	낙선	낙선	나중 당선	당선	낙선
출산	남아	여아	여아	여아	남아	불임 유산
취직	가능	안된다	안됨	늦어짐	이룸	안됨
혼인	재취다	성사	미성립	성립	늦게 이룸	파혼

□ 단사 : 귀매는 남녀의 만남이나 후취, 첩 등으로 가는 것으로 해석된다. 여자에게는 재혼이거나 남의 후실로 가는 것이니, 상당한 주의를 요한다.

55. 雷火豊(䷶)

	초구	육이	구삼	구사	육오	상육
가출	동북	서북	동쪽	서남	서쪽	남쪽
개업	동업 좋다	불길	힘든다	불길	길하다	하지 마라
기후	흐려진다	춥다	흐리다	저기압	비 온다	해 난다
매매	좀 어렵다	어렵다	안된다	겨우 성사	성립	미성립
사업	급히, 나쁨	부진	속수무책	친구 찾음	진전	안된다
소망	작게 이룸	겨우 이룸	실패	친구 도움	이룸	불가
소송	지속 곤란	승소	유리, 조심	승소	역전 가능	불리
시험	보통 실력	첫, 불합격	낙방	겨우 합격	합격	낙방
실물	동북	서북	동쪽	서남	서쪽	남쪽
여행	길하다	불리	흉하다	남쪽, 길	길하다	흉하다
전업	업종 통합	불길	힘이 없다	불길	길하다	하지 마라
재수	조금 있다	의심 산다	크게 잃음	반반	크게 얻음	크게 잃음
증권	조금 오름	큰폭 오름	오른다	큰폭 하락	하락세	강보합세
질병	열흘, 사망	동쪽 치료	수술 받음	간,폐	회복	생존 곤란
출마	협력하다	낙선	낙선	낮게 가망	당선	낙선
출산	남아	여아	불구, 男	여아	남아	여아
취직	친구 찾음	의심 버림	어렵다	된다	된다	안된다
혼인	비슷, 상대	의심 버림	이룸	이룸	늦게 이룸	돈만 낭비

□ 단사

불의의 재난이나 구설을 조심해야 한다. 일이 많이 생기는 때이므로, 목전의 일부터 빨리 처리해야 한다.

56. 火山旅(☲☶)

	초육	육이	구삼	구사	육오	상구
가출	남쪽	동남	서남	동북	서북	동쪽
개업	자본 없다	크게 마라	흉하다	흉하다	이익 있다	불가
기후	맑다	바람	저온 다습	흐린다	청명	맑다
매매	손실 있다	이롭다	실패	말썽 있음	크게 이룸	안된다
사업	소탐대실	전망 있다	실패	초석 다짐	크게 진전	파경 이름
소망	안된다	이룸	희망 없다	조짐 보임	결국 이룸	재기 불능
소송	유리	결국 승소	무승부	화해	승소	유리 불길
시험	낙선	합격	낙방	낙방	합격	낙방
실물	남쪽	동남	서남	동북	서북	동쪽
여행	불리	길하다	흉하다	흉하다	길하다	흉하다
전업	흉함	소규모	흉하다	흉하다	길하다	불가
재수	없다	얻음 있다	잃음	반짝함	있다	없다
증권	오름세	약보합세	약보합세	강보합세	강보합세	강보합세
질병	심각	약을 쓴다	음식 조심	우울 초조	고통 있다	죽는다
출마	낙선	당선	낙선	낙선	당선	낙선
출산	남아	여아	남아	여아	남아	여아 유산
취직	안된다	이룸	안됨	임시직	된다	안된다
혼인	안 좋다	늦게 이룸	불길하다	안 좋다	연애 성사	흉한 혼사

□ 단사 : 만사가 뜻대로 되지 않으니 현상 유지를 제일 목표로 하여 신규사업이나 확장 등 분수 외의 욕심은 부리지 말아야 한다. 여행이나 이사 등 옮겨가는 일에는 길하나, 정신적인 수양을 쌓거나 물질적으로 축적하는 일은 안된다. 외교관은 길하다.

57. 重風巽(☴)

	초육	구이	구삼	육사	구오	상구
가출	서북	동북	북쪽	서북	동북	북쪽
개업	과감 추진	운이 온다	어렵다	좋다	길하다	흉하다
기후	바람, 춥다	흐리다	비온다	바람, 춥다	바람 분다	비온다
매매	미성립	이룸	미성립	성립	성립	안된다
사업	과감 추진	나아진다	부진	진전	새로 시작	실패
소망	어렵다	희망적	어렵다	희망적	결과 좋다	희망 없다
소송	패소	승소	유리	패소우려	승소	유리
시험	불합격	합격	낙방	합격	합격	낙방
실물	서북	동북	북쪽	서북	동북	북쪽
여행	불리	길하다	흉하다	길하다	길하다	흉하다
전업	구업 유지	좋다	희망 없다	좋다	이롭다	흉하다
재수	없다	크게 얻다	없다	이익 있다	얻음 있다	잃는다
증권	큰 폭 상승	상승	약보합세	강보합세	강보합세	폭락
질병	몹시 아픔	적절 운동	음식 조절	세 번 입원	수술한다	위태하다
출마	낙선	당선	낙선	당선	당선	낙선
출산	남아	여아	남아	여아	남아	여아
취직	어렵다	된다	안된다	된다	된다	안된다
혼인	아직 이름	연애 이룸	안된다	늦어짐	이룸	길혼 안됨

□ 단사

돌발사태나 사업 변경수가 있으니, 도난을 경계하고 새로운 일에 대비해야 한다.

58. 重澤兌(䷹)

	초구	구이	육삼	구사	구오	상육
가출	북쪽	동쪽	서북	북쪽	동쪽	서북
개업	좋다	해볼만	불리	잘 선택	무해 무득	흉하다
기후	비 온다	개인다	고기압	비 온다	개인다	흐리다
매매	성립	성립	미성립	좋게 이룸	어렵다	안됨
사업	대성	진전	실패	겨우 유지	나중 흥업	실패
소망	이룬다	희망 있다	희망 없다	분별 있게	이롭다	실망
소송	화해 요청	승소	화해	무승부	여자 조심	화해
시험	합격	노력 합격	낙방	어렵다	여자 합격	낙방
실물	북쪽	동쪽	서북	북쪽	동쪽	서북
여행	길하다	길하다	불길하다	반반	여자조심	흉하다
전업	해도 좋다	이롭다	흉하다	잘 선택	현업 고수	흉하다
재수	있다	조금 있다	없다	이익 얻다	여자 이득	없다
증권	약보합세	오른다	큰 폭 오름	하락세	강보합세	강보합세
질병	열이 많다	조기 치료	심신 안정	열 난다	심하다	악화
출마	당선	겨우 당선	낙선	낙선	위태하다	낙선
출산	남아	여아	남아	여아	남아	여아
취직	된다	된다	안됨	잘 선택	된다	안된다
혼인	어렵다	이룬다	안됨	잘 선택	성립된다	미성립

□ 단사 : 지금 하는 일보다 더 크게 일을 벌이고 싶으나, 힘이 부족하여 포기하며 아쉬움에 젖는다. 그러나 설사 뜻대로 다른 일을 확장해도 별 득이 없다는 것을 깨닫게 된다. 이성문제에 절제를 요한다.

59. 風水渙(䷺)

	초육	구이	육삼	육사	구오	상구
가출	서쪽	서남	동남	서북	동북	북쪽
개업	윗선 협조	한다	불리	이롭다	크게 이룸	불리
기후	흐린다	비, 습	비, 바람	한랭	흐린다	비 온다
매매	윗선 도움	한다	안됨	성립	성립	미성립
사업	윗선 동업	동업	부진	진전	크게 전진	부진
소망	윗선 도움	된다	희망 없다	희망적	희망적	희망 없다
소송	윗선 도움	패소 우려	재정리	패할 우려	승소	유리
시험	어렵다	어렵다	낙방	합격	합격	낙방
실물	서쪽	서남	동남	서북	동북	북쪽
여행	혼자 안됨	같이 가라	동남	길하다	길하다	좋지 않다
전업	혼자 힘듬	힘을 빌림	불리	길하다	크게 길함	하지마라
재수	조금 있다	혼자 힘듬	없다	크게 있다	크게 얻음	없다
증권	약보합세	보합세	약보합세	강보합세	강보합세	폭락
질병	치유 가능	빨리 입원	악화	오래 감	점차 나쁨	귓병 우려
출마	낙선	낙선	낙선	당선	당선	낙선
출산	남아	여아	남아	여아	출중 남아	여아
취직	윗선 도움	합격	안됨	된다	된다	안됨
혼인	성립	겨우 이룸	힘든 성립	늦다	늦게 이룸	길혼 못 됨

□ 단사

금전상의 손실 또는 민심의 이탈 등을 방비해야 하며, 모든 일에 발생 즉시 처리한다는 마음으로 움직인다.

60. 水澤節(䷻)

	초구	구이	육삼	육사	구오	상육
가출	북쪽	동쪽	서북	서쪽	서남	동남
개업	시작함	기회 놓침	흉하다	길하다	대길	하지 마라
기후	비 온다	개인다	고기압	구름	저기압	바람
매매	안됨	안됨	안됨	성립	성립	안됨
사업	신중 기함	때가 늦음	부진	진전	크게 흥함	부진
소망	어렵다	기회 놓침	희망 없다	희망적	크게 이룸	못 이룸
소송	어렵다	승소	화해	유리	하지 마라	불리
시험	낙방	낙방	낙방	합격	합격	낙방
실물	북쪽	동쪽	서북	서쪽	서남	동남
여행	흉하다	흉하다	흉하다	무사하다	길하다	흉하다
전업	불리	흉하다	흉하다	길하다	크게 성함	안됨
재수	없다	없다	없다	얻음 있다	크게 얻음	없다
증권	약보합세	오름	큰 폭 오름	하락세	크게 내림	하락
질병	물리치료	너무 늦음	악화	점차 악화	병세 반복	위험
출마	낙선	낙선	낙선	당선	당선	낙선
출산	남아	여아	남아	여아	남아	여아
취직	안됨	안됨	안됨	된다	된다	안됨
혼인	힘들다	이룸	조화 안됨	된다	늦게 이룸	잘 안됨

□ **단사** : 모든 일에 너무 깊이 빠져 들어가는 것을 경계하여야 한다. 다른 사람에게 너무 친절을 베풀면 그것이 오히려 화근이 되어 척을 질 수도 있다. 현재는 어렵고 힘들더라도 단계를 밟아가며 처리해 나가면 점진적으로 성공의 운이 온다.

61. 風澤中孚(☴☱)

	초구	구이	육삼	육사	구오	상구
가출	북쪽	동쪽	서북	서북	동북	북쪽
개업	안된다	좋다	흉하다	길하다	길하다	하지 마라
기후	비 온다	개인다	고기압	고기압	황사현상	비 온다
매매	일관성	성립	안됨	성립	성립	안됨
사업	일관성	신망 받음	흐지부지	진전	발전적	부진
소망	계속 추진	대성	희망 없다	이룬다	대성	안됨
소송	포기	승소	화해	패할 염려	승소	패소
시험	집중하라	합격	낙방	합격	합격	낙방
실물	북쪽	동쪽	서북	서북	동북	북쪽
여행	반반	크게 길함	흉하다	길하다	대길	흉하다
전업	흉하다	길하다	흉하다	길하다	길하다	안됨
재수	없다	얻는다	잃는다	있다	크게 있다	없다
증권	약보합세	오른다	크게 오름	강보합세	강보합세	폭락
질병	투병 치유	심해짐	병세 반복	신경 안정	신앙, 고침	약을 쓴다
출마	낙선	당선	낙선	당선	당선	낙선
출산	남아	여아	남아	여아	남아	여아
취직	이동 마라	이룸	안됨	된다	된다	안됨
혼인	초지일관	좋은 혼처	안됨	늦게 이룸	이룸	나중 깨짐

□ 단사

자기 자신을 너무 고집하지 말고, 또 현실을 있는 그대로 받아들이면서 오직 성실로써 나아가면 모든 일이 순조로운 운이다.

62. 雷山小過(䷽)

	초육	육이	구삼	구사	육오	상육
가출	남쪽	동남	서남	서남	서쪽	남쪽
개업	흉하다	길하다	흉하다	이롭다	좋다	흉하다
기후	해 난다	바람	저기압	고온다습	흐리다	해 난다
매매	안됨	성립	안된다	이룸	성립	안됨
사업	실패	소규모	부진	점차 호전	진전	안됨
소망	후회	과욕 금물	실패	다소 이룸	이룸	불가
소송	유리	패소	화해	이김	패할 우려	불리
시험	낙방	낮춰 합격	낙방	합격	합격	낙방
실물	남쪽	동남	서남	서남	서쪽	남쪽
여행	흉하다	길하다	흉하다	이롭다	길하다	흉하다
전업	흉하다	이롭다	흉하다	길하다	이롭다	흉하다
재수	없다	조금 있다	없다	있다	있다	없다
증권	잠시 상승	약보합세	약보합세	큰폭 내림	하락	강보합세
질병	병원 치료	심해짐	음식주의	병세 반복	심해짐	어렵다
출마	낙선	어렵다	낙선	겨우 당선	당선	낙선
출산	남아	여아	남아	여아	여아	여아
취직	안됨	낮춰 된다	안됨	된다	된다	안됨
혼인	불길하다	늦어진다	안됨	이룸	늦게 이룸	안됨

□ 단사

이제 막 날개짓을 배운 새가 너무 높이 날다, 자신의 집을 찾지 못해 방황하는 격이니, 과욕은 금물이다. 노고는 많고 공은 적은 운이다.

63. 水火旣濟(䷾)

	초구	육이	구삼	육사	구오	상육
가출	동북	서북	동쪽	서쪽	서남	동남
개업	불가	불가	불가	안됨	좋다	어렵다
기후	흐리다	고기압	맑음	흐린다	비 다습	바람
매매	기존 성립	7일 성립	성립	이룸	안됨	안됨
사업	신중히	안전 요함	이겨냄	부진	쇠퇴운	안됨
소망	이룬다	시기 관망	애써 이룸	어렵다	실망	안됨
소송	화해	화해 좋다	도움 받다	유리	패소	불리
시험	합격	합격	합격	낙방	낙방	낙방
실물	동북	서북	동쪽	서쪽	서남	동남
여행	불리	불길	길하다	불리	가지 마라	가지 마라
전업	불가	불가	불가	옮겨 본다	옮긴다	타지 이동
재수	조금 풀림	조금 얻음	있다	없다	없다	잃는다
증권	소폭 오름	큰폭 오름	상승	하락	하락	하락
질병	안정 요함	회복	삼년 입원	약을 쓴다	늘 아프다	만성
출마	당선	당선	당선	낙선	낙선	낙선
출산	남아	여아	남아	여아	남아	여아
취직	된다	칠일, 된다	이룬다	안됨	안됨	안됨
혼인	서로 피곤	7개월, 要	성립	겨우 이룸	염려됨	잘 안됨

□ 단사

잘못되는 일이 있으면 초기에 전력을 다해서 방비하여야 한다. 현재 하고 있는 일이 가장 좋은 일이니, 이것을 유지하도록 모든 힘을 다해야 한다.

64. 火水未濟(䷿)

	초육	구이	육삼	구사	육오	상구
가출	서쪽	서남	동남	동북	서북	동쪽
개업	불가	불가	불가	길하다	길하다	기반 구축
기후	비 온다	비, 음냉	바람	흐린다	고기압	맑다
매매	안된다	어렵다	안된다	성립	성립	성립
사업	막혀 있다	시기 관망	해볼만	진전	진전	노력뿐
소망	어렵다	가능	어렵다	희망적	희망적	시기 관망
소송	유리	승소 곤란	큰 해 면함	불리	승소	결국 승소
시험	낙방	낮춰 된다	낙방	합격	합격	술 절제
실물	서쪽	서남	동남	동북	서북	동쪽
여행	흉하다	흉하다	가볼만	길하다	길하다	술, 삼가
전업	불가	불가	불가	길하다	길하다	기반 구축
재수	없다	없다	없다	있다	있다	빈손
증권	약보합세	약보합세	약보합세	강보합세	강보합세	강보합세
질병	회복 늦다	투병, 회복	조금 회복	3년 투병	점차 회복	술, 끊음
출마	낙선	낙선	낙선	3번 낙선	당선	신망 잃음
출산	남아	여아	남아	여아	남아	여아
취직	안된다	낮춰 된다	안된다	된다	성립	열심 노력
혼인	행복 못함	이룬다	교제 중	힘들다	성사	신의 유지

□ **단사** : 처음에는 지위나 시기가 좋지 못한 처지이고, 고통도 많으며 좌절하기도 쉽지만, 창창한 앞길을 인내와 노력으로써 행복을 추구하면 형통하게 된다. 희망을 가져라.

2. 64괘 순서도

(1) 주역상경(周易上經)

1. 중천건 重天乾	2. 중지곤 重地坤	3. 수뢰둔 水雷屯	4. 산수몽 山水夢	5. 수천수 水天需	6. 천수송 天水訟
7. 지수사 地水師	8. 수지비 水地比	9. 풍천소축 風天小畜	10. 천택리 天澤履	11. 지천태 地天泰	12. 천지비 天地否
13. 천화동인 天火同人	14. 화천대유 火天大有	15. 지산겸 地山謙	16. 뇌지예 雷地豫	17. 택뢰수 澤雷隨	18. 산풍고 山風蠱
19. 지택림 地澤臨	20. 풍지관 風地觀	21. 화뢰서합 火雷噬嗑	22. 산화비 山火賁	23. 산지박 山地剝	24. 지뢰복 地雷復
25. 천뢰무망 天雷无妄	26. 산천대축 山天大畜	27. 산뢰이 山雷頤	28. 택풍대과 澤風大過	29. 중수감 重水坎	30. 중화리 重火離

※ 1에서 30까지 아라비아 숫자는 상경의 순서를 쓴 것이다. 중천건괘(2)와 중지곤괘(2), 산뢰이괘(27)와 택풍대과괘(28), 중수감괘(29)와 중화리괘(30)는 부도전괘이므로 서로 배합되는 괘끼리 짝을 이루고, 나머지 괘는 도전괘로 짝을 이룬다.

(2) 주역하경(周易下經)

31. 택산함 澤山咸	32. 뇌풍항 雷風恒	33. 천산돈 天山遯	34. 뇌천대장 雷天大壯	35. 화지진 火地晉	36. 지화명이 地火明夷
37. 풍화가인 風火家人	38. 화택규 火澤睽	39. 수산건 水山蹇	40. 뇌수해 雷水解	41. 산택손 山澤損	42. 풍뢰익 風雷益
43. 택천쾌 澤天夬	44. 천풍구 天風姤	45. 택지취 澤地萃	46. 지풍승 地風升	47. 택수곤 澤水困	48. 수풍정 水風井
49. 택화혁 澤火革	50. 화풍정 火風鼎	51. 중뢰진 重雷震	52. 중산간 重山艮	53. 풍산점 風山漸	54. 뇌택귀매 雷澤歸妹
55. 뇌화풍 雷火豊	56. 화산려 火山旅	57. 중풍손 重風巽	58. 중택태 重澤兌	59. 풍수환 風水渙	60. 수택절 水澤節
61. 풍택중부 風澤中孚	62. 뇌산소과 雷山小過	63. 수화기제 水火旣濟	64. 화수미제 火水未濟	이 색깔은 64괘 괘명입니다. 외울 때는 '건곤둔몽 수송사비…'로 합니다.	

※ 31에서 64까지 아라비아 숫자는 하경의 순서를 쓴 것이다. 상경의 마지막 괘가 30번이므로, 31번부터 시작했다. 풍택중부괘(61)와 뇌산소과괘(62)는 부도전괘이므로 배합괘로 짝을 이루고, 나머지 32괘는 도전괘로 짝을 이루고 있다.

참고문헌

김석진, 대산주역강의, 도서출판 한길사, 1999년

김병호·김진규, 아산의 주역강의, 도서출판 小康, 2002년

김석진, 주역점해, 대유학당, 1994년

김석진, 대산주역강해, 대유학당, 2015년

김석진, 주역전의대전, 대유학당, 1996년

김석진, 대산석과, 대유학당, 2007년

김석진, 스승의 길 주역의 길, 도서출판 한길사, 2001년

이응문, 태극사상과 한국문화, 도서출판 동방문화, 2015년

이응국, 주역과 세상, 도서출판 문현, 2013년

이응국, 주역의 정신과 문화, 도서출판 문현, 2012년

최정준, 주역개설, 도서출판 비움과소통, 2014년

윤상철, 주역신기묘산. 대유학당, 2005년

김종섭·안승석 공저, 주역의 첫걸음, 내하출판사, 2010년

김태완, 성학집요, 청어람미디어, 2007년

안외순, 동호문답, 책세상, 2005년

조정래, 정글만리, 해냄출판사, 2013년

김하중, 중국이야기, 비전과 리더십, 2013년

고미숙 외 2명, 열하일기, 북드라망, 2014년

윤봉윤, 주역사주, 도서출판 화담, 2004년

김승호, 주역인문학, 다산북스, 2015년

소강절, 황극경세서, 대원출판, 2002년

박재희, 3분 古典, 작은 씨앗, 2010년
스유엔, 김태성·정윤철 옮김, 상경, 더난출판, 2002년
박재희, 손자병법과 21세기, EBS 교육방송, 2002년
나채훈, 정관정요, 한림원, 1994년
정약용, 목민심서, 일문서적, 2010년
노학자, 하진이 옮김, 깊이 생각하고 빨리 결정하라, 이젤, 2008년
노학자, 차혜정 옮김, 천하는 이익에 따라 움직인다, 이젤, 2008년
노학자, 양성희 옮김, 쓰면 삼키고 달면 뱉어라, 이젤, 2008년
노학자, 김인지 옮김, 세치 혀로 천하를 훔쳐라, 이젤, 2008년
노학자, 고예지 옮김, 적을 내편으로 만들라, 이젤, 2008년
사마천, 김진연 편역, 史記, 서해문집, 1893년
홍석연 엮음, 논어 365일(一日一話), 문지사, 2003년
정비석, 소설 삼국지, 고려원, 1985년
피터 드러커, 경영바이블, 청림출판, 2006년
박상하, 이병철과의 대화, 이롬미디어, 2007년
정주영, 시련은 있어도 실패는 없다, 제삼기획, 2009년
빌게이츠, 빌게이츠@생각의 속도, 청림출판, 1999년
맹자, 박경환 옮김, 맹자, 홍익출판사, 1999년
최홍섭, 두바이 기적의 리더십, W미디어, 2006년
플라톤, 국가론, 돋을새김, 2006년
존 롤즈, 정의론, 이학사, 2003년

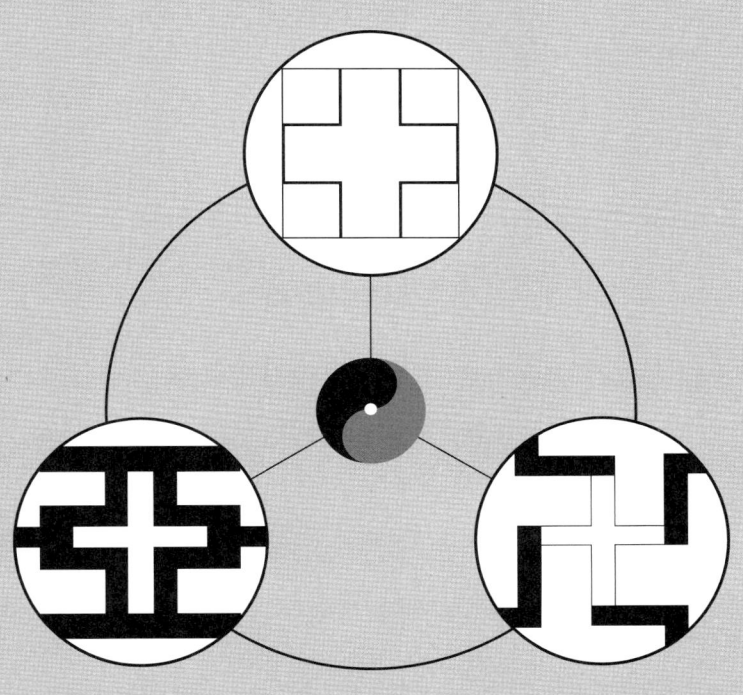